Guia de Gastronomia

DELÍCIAS DA
MESA

Andréa Tinoco

Luciano Boseggia

Marcones Deus

Nelo Garaventa

Pablo Ferreyra

Paolo e Conceição Neroni

Paulo Góes

Romano Fontanive

APRESENTAÇÃO
O Rio e seus chefs incríveis

Eles cozinham divinamente e suas receitas são muito bem saboreadas pelos clientes que frequentam seus restaurantes. Aprenderam a arte da boa comida vendo seus pais, mães e avós cozinhando para a família. Depois, estudaram em algumas das melhores escolas de gastronomia do mundo, seja em Paris, Londres ou Nova York. Hoje, estão sempre se atualizando e aprimorando as formas de misturar os temperos com as carnes, os peixes, as saladas e as massas.

Fomos atrás de alguns dos mais renomados e talentosos chefs de restaurantes cariocas: Andréa Tinoco, do Armazém Devassa e do Rancho Inn; Luciano Boseggia, do Alloro; Marcones Deus, dos restaurantes Mauá, Victoria Rio e Pax Delícia; Nelo Garaventa, do Duo; Pablo Ferreyra, do Térèze; Paolo e Conceição Neroni, do Margutta; Paulo Góes, do Sá; e Romano Fontanive, do Gabbiano. Eles escolheram os pratos mais apetitosos e mostraram os segredos de cada receita.

Agora, é só degustar as páginas e se arriscar na cozinha! Afinal, são dicas de chefs muito conceituados. Bom apetite!

ÍNDICE

Andréa Tinoco, Armazém Devassa e Rancho Inn 04

Luciano Boseggia, Alloro 20

Marcones Deus, Mauá, Victoria Rio e Pax Delícia 36

Nelo Garaventa, Duo 50

Pablo Ferreyra, Térèze 62

Paolo e Conceição Neroni, Margutta 76

Paulo Góes, Sá 88

Romano Fontanive, Gabbiano 102

CHEF ANDRÉA TINOCO

Armazém DEVASSA e Rancho INN

A chef que escuta os clientes

À frente do Armazém Devassa e do Rancho Inn, no Rio de Janeiro, Andréa Tinoco se define como uma "alquimista" na cozinha, onde mistura, acrescenta e alterna ingredientes na busca incansável pelo prato perfeito para o paladar.

Formada em Direito, ela preferiu trilhar o caminho da gastronomia. A paixão por cozinhar vem da infância, de quando saboreava os pratos da avó. Aos 13 anos, foi morar em Portugal – na época em que seu pai foi transferido para lá por conta do trabalho – e teve a oportunidade de experimentar sabores diferentes, como o bacalhau, servido em refeições diárias, como se fosse sempre festa em casa.

A primeira receita que preparou na cozinha foi brigadeiro. Ela adorava fazer e ouvir os elogios dos vizinhos que provavam o doce. O primeiro passo na gastronomia se deu ao organizar jantares na casa do pai, ocasiões em que eram recebidos presidentes de bancos estrangeiros e o embaixador do Brasil. Mas foi com José Hugo Celidônio que o negócio começou a se tornar profissional. Além de fazer cursos com o chef, ela o ajudava nos programas de TV. Com o incentivo dele, também fez outros aprimoramentos até caminhar sozinha.

Na área de consultoria, trabalhou com diversos restaurantes, implantando ou reformulando cardápios. Entre eles, o grupo Porcão e o Plataforma, de Nova York. Em 1990, Andréa inaugurou seu primeiro restaurante, o Rancho Inn. O objetivo era proporcionar o ambiente de um restaurante da zona sul carioca no coração do Centro do Rio de Janeiro, com uma comida leve e saudável.

Em 2007, a chef inaugurou o Armazém Devassa, um conceito de cervejaria com *comfort food*. O restaurante serve café da manhã, almoço e jantar, reunindo um público muito eclético. Aos domingos, o buffet tem sempre uma opção diferente de bacalhau.

Para criar seus cardápios, Andréa procura saber o que as pessoas gostariam de saborear, pedindo opiniões aos clientes. "É imprescindível conversar com sua clientela e estar atenta ao que acontece no mercado. Viajar é outra inspiração. Viajando, eu tenho tempo para pensar", explica.

Vista externa do Armazém Devassa.

■ **Armazém Devassa**

Endereço: Rua Visconde de Pirajá, 539 - Ipanema
Telefones: (21) 2512-2051 | (21) 2540-8380
Funcionamento: Todos os dias, inclusive feriados, de 6h até 4h. Café da manhã, todos os dias, de 6h até 10h
Cartões de crédito: Todos
Capacidade: 70 lugares
Site: www.cervejariadevassa.com.br
Ano de abertura: 2007

Os períodos em que morou na Europa e na Argentina com certeza inspiraram a chef na cozinha. Justamente por isso, ela está sempre indo para outros lugares para se atualizar no que há de melhor na gastronomia. Para Andréa, não se deve inovar a ponto de perder a característica da própria cultura. O amor pela gastronomia tem influenciado também o filho, Pedro. O jovem, que é engenheiro de produção, trocou o mercado financeiro pela gastronomia e pretende seguir os passos da mãe.

Bate-papo com a CHEF

Você morou por um período em Portugal, e foi quando começou a se interessar pela cozinha. Como foi essa fase?

Sim, eu tinha 13 anos quando fui para Portugal e fiquei encantada com as comidas diferentes que eram servidas no dia a dia, e que no Brasil só comíamos em dias de festa, como o bacalhau, que os brasileiros consomem no Natal e na Páscoa. A partir disso, comecei a me interessar e fiquei com vontade de aprender para fazer essas mesmas receitas no Brasil. Quando fui morar na Argentina, com 15 anos, comecei a preparar os menus para os jantares do meu pai, e assim virei a chef oficial da casa para eventos festivos. Minhas avós, tanto paterna quanto materna, também cozinhavam muito bem. Comecei, então, a resgatar todas as receitas de família.

Quando descobriu que realmente queria ser chef?

Descobri quando eu estava terminando a faculdade de Direito, justamente quando fui trabalhar como assistente do José Hugo Celidônio. Percebi que era uma profissão de sucesso no futuro e que não tinha uma rotina definida, diferente de um escritório de advocacia.

Como você planejou tudo?

Fui trabalhar com o José Hugo Celidônio no programa *Lugar de Homem é na Cozinha*, exibido na Rede Manchete. Depois, pedi demissão do escritório de advocacia, trabalhei três meses no restaurante do Centro Cultural Banco do Brasil e logo após comprei um sobrado e inaugurei o Rancho Inn.

Teve que vencer alguma dificuldade?

Várias, como a formação da minha primeira equipe, entender qual o produto que se quer vender, compreender o cliente, definir o público a ser atendido, além do preconceito que existia com as mulheres nas cozinhas dos restaurantes. Alguns chefs diziam que chefs mulheres só podiam ficar nas praças das saladas e sobremesas.

Você sabe quantas receitas já preparou?

Já preparei mil e uma receitas.

Cada chef tem uma sensibilidade mais apurada. Sabe dizer qual é a sua?

Eu tenho um olfato muito apurado. Conheço a procedência de um alimento ou a qualidade de um vinho por meio do cheiro.

Em Ipanema, o local virou um *point*.

Por qual receita tem mais carinho?

O arroz de pato e o bacalhau às natas, pois são receitas que aprendi em Portugal, e porque são pratos que gosto de saborear, além do crepe de brigadeiro.

Quais são seus pratos preferidos para preparar e para saborear?

Adoro fazer risoto, um prato que provoca emoção na hora de ser saboreado e também por ser rápido de preparar. Para saborear, eu gosto do bacalhau, pois me remete aos tempos de Portugal e se adapta à comida do dia a dia. Sem contar que combina com diversos vinhos.

Como você vê o mercado da gastronomia atualmente?

O mercado da gastronomia está em ascensão, e a tendência é o resgate das tradições, aquela comida que nunca sai de moda e que, quanto mais vezes você prepara, mais perto da perfeição chega. Manter boas receitas é importante.

Como ser criativo no dia a dia de um restaurante?

Pesquisando e buscando produtos de qualidade com um bom preço, usando ingredientes frescos e procurando sempre novas receitas e criações. O peixe, por exemplo, é uma iguaria que, quanto mais fresca estiver, mais gostosa fica.

Seu filho agora está indo pelo mesmo caminho. Você o incentiva muito?

Sim, incentivo bastante. Confesso que levei um susto quando ele decidiu sair do mercado financeiro para a gastronomia. Hoje eu entendo o susto do meu pai quando decidi trocar a carreira no Direito pela culinária.

Salada de Rosbife
Niçoise

Receita para 4 porções
Ingredientes

Rosbife

600 g de lagarto redondo
2 dentes de alho amassados
1 colher (chá) de tomilho
2 copos de água
2 folhas de louro
1/4 copo de vinho branco
2 cebolas grandes picadas
2 pimentões verdes picados
Azeitonas a gosto picadas
Azeite a gosto
Sal a gosto
Pimenta-do-reino a gosto
Salsa picadinha a gosto

Modo de preparo

Tempere o lagarto com sal, pimenta-do-reino, alho, tomilho, louro e vinho branco. Em seguida, reserve na geladeira por aproximadamente oito horas. Coloque o lagarto na panela de pressão com água. Cozinhe até que fique macio. Deixe na geladeira por 24 horas. No dia seguinte, corte o lagarto em fatias finas e reserve.

Molho niçoise

Ingredientes
1 colher (chá) de mostarda dijon
2 colheres (sopa) de azeite extravirgem
2 pitadas de pimenta-do-reino
1 colher (sopa) de vinagre de maçã
Sal a gosto

Salada

Ingredientes
1/2 batata
2 pratos rasos de mix de folhas de alface, rúcula e radicchio
12 azeitonas
Rosbife fatiado (usar a peça de 600 g)
4 filés de aliche
1 pepino cortado
8 vagens extrafinas cortadas
1 tomate orgânico maduro
2 ovos cozidos
5 tiras finas de pimentão verde

Modo de preparo

Prepare o molho em um bowl e reserve. Em um prato, coloque as folhas primeiramente, os outros ingredientes por cima, as fatias de rosbife arrumadas e acrescente o molho na hora de servir.

Dourado com Molho de Moqueca, Arroz de Coco e Farofa de Manga

Receita para 4 porções
Ingredientes

Dourado

4 filés de 200 g temperados com sal e pimenta-do-reino

Molho de moqueca

4 colheres (sopa) de azeite extravirgem
2 cebolas médias cortadas em cubos
2 dentes de alho picados
1/2 xícara de chá de tomate sem pele
300 ml de leite de coco
1/2 pimentão vermelho cortado em cubos
1 colher (sopa) de azeite de dendê
Coentro fresco
Sal a gosto
Pimenta dedo-de-moça sem sementes e cortada em cubos

Modo de preparo

Refogue a cebola no azeite até que comece a murchar. Acrescente o alho e refogue por mais um minuto, sem deixar dourar. Em seguida, coloque o tomate e o leite de coco. Mexa bem e deixe ferver. Adicione o pimentão e o azeite de dendê. Mexa por alguns minutos e coloque o sal e a pimenta a gosto. Salpique o coentro picado na hora de servir.

Arroz de coco

200 ml de leite de coco
2 dentes de alho
1 colher (sopa) de óleo composto
200 g arroz
200 ml de água fervente
1 pitada de sal
6 colheres (sopa) de coco ralado

Modo de preparo

Lave o arroz e refogue-o no alho. Mexa bem. Acrescente o leite de coco e a água. Tempere com sal a gosto. Cozinhe como o arroz tradicional, até que fique soltinho. Não mexa durante o cozimento. Adicione o coco ralado e mexa bem. Reserve metade do arroz para a montagem do prato.

Farofa de manga

2 colheres (sopa) de manteiga com sal
2 colheres (sopa) de azeite
1 manga grande cortada em cubos
1 cebola pequena ralada
200 g de farinha de mandioca fina
Sal a gosto

Modo de preparo

Em uma frigideira, coloque a manteiga e o azeite. Acrescente a cebola e refogue até murchar, mas sem dourar. Adicione metade da manga. Em seguida, acrescente a farinha. Mexa bem e tempere com o sal.

Montagem do prato

Grelhe o peixe. Coloque o molho de moqueca por cima, o arroz e a farofa enformados. Decore com o coco ralado e a manga. Sirva em seguida.

Salada de Lentilha com Tender

Receita para 12 porções
Ingredientes

Salada

400 g de lentilhas
1 xícara (chá) de amêndoas em lascas (torradas)
6 colheres (sopa) de hortelã picada
600 g de tender cozido em cubinhos

Molho

1 xícara (chá) de azeite
1/2 xícara (chá) de vinagre de vinho branco
2 colheres (chá) de açúcar
1/2 colher (sopa) de sal
1 xícara (chá) de hortelã picado
1/2 xícara (chá) de folhas de hortelã

Modo de preparo
Salada

    Em uma panela, cozinhe as lentilhas com bastante água por 15 minutos ou até que os grãos estejam ao dente, ou seja, cozidos, mas ainda durinhos. Escorra a água e transfira as lentilhas para uma tigela. Com as lentilhas ainda quentes, coloque o molho preparado. Deixe esfriar e leve à geladeira. Em uma panela com água fervendo, coloque as amêndoas e deixe ferver por três minutos. Enquanto isso, prepare uma tigela com água e gelo. Escorra as amêndoas e mergulhe-as na tigela. O choque térmico fará a pele das amêndoas se soltar facilmente. Deixe esfriar por dois minutos e retire a pele, uma a uma. Corte as amêndoas em quatro pedaços. Toste-as em uma frigideira sobre fogo médio, mexendo até dourar, e coloque em um prato. Para servir, misture bem as amêndoas na salada, que pode ser servida fria ou à temperatura ambiente.

Molho

    Em uma tigela, misture todos os ingredientes e sirva.

Salada de Sagu, Pétalas de Capuchinho e Minirrúcula

Receita para 1 porção
Ingredientes
200 g de sagu
500 ml de água gelada
1 colher (sopa) de azeite
50 g de blanquet
1 talo de aipo sem folhas
1 maçã (de preferência, verde)
2 colheres (sopa) de castanha de caju ou nozes picadas
20 g de ciboulette
Sal a gosto
Pimenta-do-reino branca a gosto
1 colher (café) de mostarda dijon
1 colher (chá) de suco de limão
Minibrotos (rúcula e beterraba) e pétalas de capuchinho para decorar
1 colher (sobremesa) de molho pesto
1 colher (sobremesa) de redução de balsâmico

Modo de preparo
Coloque o sagu de molho em água gelada por 50 minutos e escorra. Em um recipiente, ponha o azeite, a ciboulette, o sal, a pimenta, a mostarda e algumas gotas de limão. Misture o sagu e mexa bem. Acrescente o aipo, o blanquet, a maçã cortada em cubinhos e as castanhas de caju ou nozes. Misture bem e enforme. Por fim, desenforme e sirva decorado com redução de balsâmico e pesto de manjericão, minibrotos e pétalas de capuchinho.

Carne Seca Desfiada com Cebola, Suflê de Abóbora, Arroz Branco e Feijão

Receita para 4 porções
Ingredientes

Carne seca com cebola

500 g de carne seca desfiada
320 g de cebola em julienne
600 g de manteiga
Couve para decorar

Modo de preparo

Em uma frigideira, refogue a carne seca com a manteiga e a cebola até que fique dourada.

Suflê de abóbora (30 forminhas)

5 kg de abóbora
3 alhos-porós
1 cebola
120 g de alho
100 g de caldo de galinha
18 ovos
200 g de farinha de trigo
1 colher (sopa) de queijo parmesão

Modo de preparo

Em uma panela, refogue a abóbora com o alho-poró, a cebola e o alho até que ela fique bem macia. Bata a abóbora no liquidificador. Em uma vasilha, coloque a abóbora e acrescente os ovos, a farinha de trigo, o queijo parmesão e o caldo de galinha. Misture tudo com um fouet. Em seguida, ponha a massa em formas untadas na manteiga e leve ao forno com temperatura de aproximadamente 160°C por cerca de 20 a 25 minutos em banho-maria.

Arroz branco

2 dentes de alho
1 colher (sopa) de óleo
200 g de arroz branco
200 ml de água fervente
1 pitada de sal

Modo de preparo

Lave o arroz, refogue-o no alho e mexa bem. Acrescente a água e tempere

com sal a gosto. Cozinhe o arroz até que ele fique soltinho.

Feijão-preto

500 g de feijão-preto
3 dentes de alho
1/2 cebola
Sal a gosto
1 fio de óleo

Modo de preparo

Em uma panela, cozinhe o feijão por aproximadamente 40 minutos. Depois de cozido, tempere o feijão com o alho e a cebola fritos no óleo.

Montagem do prato

Pegue um molho de couve cortada em julienne bem fininha para finalizar. Em uma frigideira, refogue a couve no óleo e reserve. Em um prato, coloque a carne seca desfiada com a cebola, o suflê de abóbora decorado com a couve, o arroz branco enformado e o feijão-preto à parte. Sirva em seguida.

Bacalhau Assado
em Crosta de Pão Saloio com Batata Calabresa, Cebola, Brócolis, Tomate-cereja e Azeitona

Receita para 4 porções

Ingredientes

1 kg de bacalhau (dessalgue por 48 horas em água, mantendo-o na geladeira)
2 litros de leite
5 dentes de alho confitados
Pão saloio picado (também pode ser o ciabatta)
12 ovos de codorna cozidos
12 azeitonas pretas sem caroços
12 tomates-cereja
2 batatas de tamanho médio
4 minicenouras
4 aspargos
2 cebolas médias
2 ovos
4 colheres (sopa) de farinha de trigo
Azeite extravirgem
Azeite de pimentão
4 folhas de louro frescas

Modo de preparo

Cozinhe as batatas e corte-as em fatias grossas. Puxe-as no azeite. Mergulhe as postas de bacalhau no leite e leve ao fogo. Desligue assim que iniciar a fervura. Passe as postas primeiro na farinha de trigo, retirando o excesso, e, depois, no ovo batido no garfo. Por último, passe um dos lados do bacalhau no pão picado.

Leve as postas a uma frigideira com azeite quente e espere dourar os dois lados, colocando primeiro o da crosta em contato com a panela. Arrume o bacalhau no centro do prato em cima de duas fatias de batatas. Ao lado, cebolas fritas em azeite, ovos de codorna partidos ao meio, azeitonas, uma cenourinha por prato, um dente de alho confitado, uma folha de louro e um aspargo.

Frango Farci com Ricota Temperada e Penne ao Molho de Sálvia

Foto: Guto Queiroz

Receita para 4 porções
Ingredientes

Frango

4 filés de frango de 200 g temperados com sal, alho, limão e caldo de frango
100 g de espinafre picado
400 g de ricota
2 colheres (sopa) de molho branco

Modo de preparo

Em um recipiente, misture bem todos os ingredientes. Em seguida, recheie o frango e o enrole no filme de PVC. Em uma panela, cozinhe o frango em banho-maria até que ele fique bastante macio. Grelhe o frango recheado até dourar.

Penne

400 g de penne
400 ml de água
Sal a gosto
1 fio de azeite

Modo de preparo

Coloque a água para ferver. Assim que isso acontecer, junte o sal e o azeite. Logo em seguida, acrescente o penne e cozinhe-o por cerca de 15 minutos.

Molho de sálvia

200 ml de creme de leite
20 folhas de sálvia picada
Brotos de alfafa a gosto
Queijo parmesão a gosto

Modo de preparo

Em uma frigideira, salteie a sálvia com o creme de leite. Assim que levantar fervura, acrescente o penne e mexa por alguns minutos.

Montagem do prato

Em um prato fundo, coloque o frango recheado fatiado e o penne. Acrescente o broto de alfafa e queijo parmesão. Sirva em seguida.

Picadinho Carioca

Receita para 4 porções
Ingredientes

Filé

4 porções de 300 g de filé-mignon temperado com sal e alho
1 colher (sopa) de óleo

Modo de preparo

Puxe a carne no óleo em uma frigideira e acrescente meia concha de molho madeira constituído por carne, shoyu, alho-poró, cebola, alecrim, água e molho de tomate feito com tomate, açúcar, alho, água, caldo de carne e extrato de tomate. Em seguida, mexa aos poucos até dourar por igual.

Arroz

2 dentes de alho
1 colher (sopa) de óleo composto
200 g de arroz
200 ml de água fervente
1 pitada de sal

Modo de preparo

Lave o arroz e, em seguida, refogue-o no alho, mexendo bem.

Foto: Beto Roma

Ovo pochê

1 ovo
1 copo de 250 ml de vinagre
1 litro de água

Modo de preparo

Quebre o ovo em um recipiente e reserve. Em uma panela, coloque a água com o vinagre, leve ao fogo e deixe ferver. Em seguida, baixe o fogo, mexa a água até que seja formado um "redemoinho" e coloque o ovo no meio. Então, deixe o ovo cozinhar por cerca de três minutos, retire-o e o resfrie na água fria. Tempere com sal.

Feijão-branco

500 g de feijão-branco
3 dentes de alho
1/2 cebola
Sal a gosto
Louro
Óleo

Modo de preparo

Em uma panela, cozinhe o feijão por aproximadamente 40 minutos. Depois de cozido, tempere com alho, cebola e louro refogados em óleo.

Farofa

2 colheres (sopa) de manteiga com sal
2 colheres (sopa) de azeite
1 cebola pequena ralada
200 g de farinha de mandioca fina
Sal a gosto

Modo de preparo

Em uma frigideira, coloque a manteiga e o azeite. Em seguida, acrescente a cebola e deixe-a murchar, mas sem dourar. Para finalizar, coloque a farinha, mexa bem e tempere com sal a gosto.

Montagem do prato

Em um prato, coloque 300 gramas do picadinho. Acrescente o arroz enformado, meia banana à milanesa, um ovo pochê, a farofa e feijão-branco à parte. Sirva em seguida.

Depois, acrescente a água e coloque o sal a gosto. Cozinhe o arroz até que fique bastante soltinho.

Banana à milanesa

2 bananas-pratas
Farinha de trigo para empanar
Farinha de rosca para empanar
2 ovos para empanar
Óleo de soja

Modo de preparo

Descasque as bananas e as divida ao meio. Em seguida, passe-as no ovo, na farinha de trigo e na farinha de rosca. Frite em óleo bem quente.

Filé de Peixe Crocante aos Dois Purês de Batata e Manjericão

Receita para 4 porções
Ingredientes

Peixe

4 filés de 240 g de dourado temperados com sal e pimenta-do-reino

Farinha de trigo
4 ovos
4 pães de forma cortados em cubos

Purê de batata

8 batatas florão
800 ml de leite
400 g de manteiga
Caldo de galinha a gosto
400 ml de água

Modo de preparo

Cozinhe as batatas na água até que elas fiquem bem macias. Descasque-as e passe-as pela peneira. Em seguida, coloque as batatas em um recipiente. Acrescente a manteiga e o caldo de galinha. Mexa até que a manteiga derreta por completo. Adicione o leite aos poucos e continue mexendo. Separe 100 gramas do purê já pronto e misture com uma colher (sopa) de molho pesto para obter o purê de manjericão.

Molho pesto

60 g de manjericão fresco
250 ml de azeite
100 g de parmesão ralado
40 g de castanha de caju
Sal a gosto
1 dente de alho batido no liquidificador

Modo de preparo

Lave as folhas de manjericão e seque-as com a ajuda de um pano de prato limpo ou no secador de saladas. Coloque o manjericão no liquidificador, junte todos os outros ingredientes e bata até atingir uma consistência pastosa.

Montagem do prato

Pegue 100 gramas de queijo parmesão ralado e um limão siciliano para a finalização. Enforme os dois purês em um prato, adicione 50 gramas de parmesão ralado por cima de cada purê e leve ao forno até derreter o queijo. Retire do forno e reserve. Coloque o peixe no prato, ponha o molho por cima dele e finalize com uma rodela de limão siciliano. Sirva em seguida.

Modo de preparo

Empane o peixe temperado na farinha de trigo. Em seguida, passe-o no ovo e nos pães de forma cortados em cubos. Depois, puxe na frigideira por aproximadamente seis minutos.

Molho do peixe

400 ml de azeite
80 g de alho moído
8 galhos de manjericão
4 galhos de tomilho
30 g de tomate concassé

Modo de preparo

Refogue todos os ingredientes em uma panela e reserve.

CHEF LUCIANO BOSEGGIA

ALLORO Ristorante

Direto da Itália, o "Rei do Risotto"

Luciano Boseggia nasceu em 1948, na cidade de Castiglione Delle Stivere, localizada na região de Brescia, no norte da Itália. De uma típica família italiana, passou a infância nas dependências dos hotéis da região turística ao redor do Lago di Garda. Assim, logo a curiosidade despertou o amor pela gastronomia, com ele observando as cozinhas dos hotéis. Aos 13 anos, já estava com a mão na massa. A partir daí, foi se especializando em uma culinária regional com toques sofisticados. Na Itália, ele foi chef do famoso restaurante La Vecchia Lugana, em Sirmione.

De malas prontas rumo à Austrália, Boseggia acabou optando por aceitar outro convite, movido pela curiosidade a respeito de uma terra tão grande e diversificada como o Brasil. Seria uma temporada de apenas três meses, mas já se vão trinta anos vivendo no país.

Com tanta experiência, o estilo do chef italiano conquistou os brasileiros quando chegou a São Paulo para comandar a cozinha do restaurante Fasano, onde se destacou por 15 anos. Foi também responsável por outros três do mesmo grupo: o Parigi, o Gero e o Gero Caffè.

Em 2010, o chef abriu seu primeiro restaurante em São Paulo, que levava seu nome. Na capital paulista, inaugurou também a Scuola di Cucina Italiana, voltada para a culinária de seu país natal.

A história carioca do chef começou com a abertura do Alloro, no Hotel Windsor Atlântica, no final de 2011. Nele, Luciano recebeu a difícil tarefa de comandar o primeiro restaurante de alta gastronomia da rede de hotéis Windsor. A empreitada deu

A adega do Alloro.

certo e a casa se consolidou como um dos principais endereços de culinária italiana na cidade. Autor do livro *Il Riso in Tasca* – escrito há 15 anos e no qual detalha os segredos para se fazer pratos excepcionais –, Boseggia é considerado o "Rei do Risotto".

■ *Alloro Ristorante*

Endereço: Av. Atlântica, 1.020 - Copacabana
Telefones: (21) 2195-7800 | (21) 2195-7857
Funcionamento: Diariamente, de 12h até 0h. Sexta e sábado, de 12h até 1h
Cartões de crédito: Todos
Capacidade: 80 lugares
Site: www.allororistorante.com.br
Ano de abertura: 2011

Bate-papo com o CHEF

Você cozinha desde os 13 anos. Como aconteceram os primeiros contatos com a gastronomia?

Tenho a sorte de ter nascido em um lugar turístico por excelência, o Lago di Garda, onde minha mãe, Maria, e minha tia, Mora, trabalhavam na rouparia e na cozinha de hotéis, em Sirmione. Eu sempre fui curioso por conhecer os bastidores do funcionamento dos hotéis, principalmente a parte da cozinha.

Como foi que decidiu realmente seguir essa profissão?

Em uma temporada das minhas férias escolares, consegui um emprego de ajudante geral no Hotel Serenella, em Sirmione. No meio da alta temporada, um cozinheiro adoeceu e fui me aventurando, gostando e desenvolvendo um bom trabalho, mesmo sem experiência.

O que o motivou a aceitar o convite de vir para o Brasil? Já conhecia o país?

Desafio e muita curiosidade sobre um país de tamanho continental e multirracial. Vim por meio do convite da família Fasano. Eu estava de malas prontas para ir para o outro lado do mundo, a Austrália, mas decidi vir para o Brasil, o país do futebol, do Carnaval e das paisagens deslumbrantes. Era uma consultoria de três meses, mas já são mais de trinta anos vivendo aqui.

Sentiu muita diferença quando chegou aqui?

Cheguei em 25 de janeiro de 1985, feriado em São Paulo e véspera do meu aniversário. Devido ao feriado, a cidade parecia uma megametrópole fantasma. Conheci várias cidades na Europa e nos Estados Unidos, mas Sampa dava medo. Felizmente, fui muito bem recebido e tenho um grande carinho pela cidade que me projetou.

Quantas receitas você já elaborou? Faz ideia?

São muitas ao longo da minha trajetória. Não dá para contar.

Há alguma receita que o marcou especialmente?

Para falar a verdade, são várias as receitas que me marcaram, mas se eu tivesse que escolher só uma, seria o Zuccotto de Mascarpone com Pistacchio. Um dia, fiz um pedido de pasta de pistache italiano, mas mandaram para mim dez quilos, bastante quantidade. Então, elaborei essa sobremesa, que virou um sucesso.

Cada chef tem uma sensibilidade própria. Qual a sua?

Uma coisa é certa: de vez em quando eu sou um pouco bipolar! (Risos)

Como você vê a alta gastronomia atualmente?

Com o *boom* dos programas de televisão sobre gastronomia, o mercado está em alta, despertando muita curiosidade e interesse pelo assunto. Além disso, comer bem é um dos melhores prazeres da vida.

O que é mais importante para você na gastronomia?

Em relação à gastronomia, é sempre importante estar de olho nas novas tendências e acompanhar o que está em alta com o público.

O belíssimo salão do restaurante.

Ainda assim, o clássico tem seu valor e nunca deixa de ser procurado.

Você possui algum ídolo especial na gastronomia?

Após terminar a escola de gastronomia, aos 16 anos, conheci dois chefs muito talentosos e assimilei um pouco das duas personalidades. Outro que também me influenciou muito foi Roberto Rivolta, um grande gastrônomo milanês, que me deu muito apoio para seguir minha carreira.

Qual o seu prato preferido para saborear e qual gosta mais de cozinhar?

Apesar de ser do norte da Itália, tenho uma paixão muito grande pelos pratos do Sul, como um bom espaguete ao alho e óleo e peperoncino ou pomodoro e basílico. Simples, mas de sabor único. O que gosto mesmo de cozinhar é um ótimo risoto.

Como ser criativo o tempo todo e se superar no dia a dia?

A grande criatividade é manter a qualidade da própria cozinha. Com isso, a criatividade aflora por si só.

Que temperos mais gosta de usar?

Como sou tradicionalista, não abro mão dos temperos italianos na minha cozinha, mas nem por isso deixo de usar os ingredientes brasileiros, pois são complementos importantíssimos na elaboração dos meus pratos.

O que você trouxe da Europa e se destaca no seu cardápio atual?

Tenho um livro chamado *Il Riso in Tasca*, que foi reeditado várias vezes e ainda é muito atual, apesar de a primeira edição ter sido publicada há mais de 15 anos. Ele ensina os detalhes e os mandamentos para a criação de um bom risoto. Daí surgiu o apelido "Rei do Risotto", que me deram. Fora isso, há o meu conhecimento da verdadeira cozinha italiana, que pude mostrar por mais de uma década no restaurante Fasano. Mesmo depois de vários anos, continuo seguindo o mesmo conceito.

Você atuou por muitos anos em São Paulo. Por que decidiu vir para o Rio de Janeiro?

São Paulo é a melhor cidade da América do Sul gastronomicamente falando. Eu vim para o Rio de Janeiro porque, fora toda a beleza da cidade, tem tido uma evolução muito grande no setor gastronômico.

Creme Brûlée de Pistache com Cannoli Siciliano

Receita para 4 porções
Ingredientes

Creme de pistache
1,4 litro de creme de leite
500 ml de leite integral
300 g de gemas de ovos
200 g de açúcar refinado
200 g de pasta de pistache

Creme de ricota
200 g de ricota (de preferência de búfala)
100 g de chocolate meio amargo ralado
70 g de frutas cristalizadas e picadas
20 ml de mel

Cannoli
250 g de farinha de trigo
41 g de açúcar refinado
1 ovo
1 gema
35 g de manteiga
Raspa da casca de um limão siciliano
Água

Modo de preparo
Creme de pistache

Bata o leite com a pasta de pistache. Acrescente o creme de leite e bata até ficar homogêneo. Bata as gemas e o açúcar e misture ao preparo anterior. Leve ao fogo até que levante a fervura. Retire do fogo, coloque em ramequins e leve ao forno preaquecido a 130°C em banho-maria por 30 minutos. Retire do forno e deixe esfriar na geladeira. Ao servir, polvilhe açúcar e caramelize com um maçarico.

Creme de ricota

Misture todos os ingredientes até obter um creme homogêneo.

Cannoli

Misture a farinha, o açúcar e a raspa de limão. Adicione a manteiga e misture com a gema e o ovo levemente batido. Acrescente água até que a massa fique elástica e firme. Deixe descansar por 50 minutos.

Montagem do prato

Abra a massa até 5 mm de espessura e corte em disco de 8 cm de diâmetro. Enrole os discos em canudos de metal, colando a massa com gema batida. Frite em óleo vegetal a 180°C e deixe descansar em papel-toalha. Retire dos canudos e recheie com o creme de ricota, finalizando as extremidades com chocolate derretido.

Filé de Javali com Molho de Vinho Amarone, Raiz-forte e Tutano de Vitelo

Receita para 4 porções
Ingredientes

Javali

4 filés de 250 g de javali
4 ossos de vitelo (da parte da canela) cortados na altura de 5 cm

Molho de filé

1 kg de aparas e ossos cortados em pedaços pequenos
3 colheres (sopa) de azeite
100 g de salsão
100 g de cebola
100 g de cenoura
2 dentes de alho
1 maço pequeno de ervas aromáticas
1 e 1/2 copo de vinho tinto amarone ou um vinho tinto encorpado
2 colheres (sopa) de farinha de trigo
2 litros de caldo de carne
Sal a gosto
Pimenta a gosto
1 colher (sopa) de raiz-forte ralada de forma fina

Modo de preparo

Em uma assadeira, aqueça o azeite. Torre a carne e os ossos em forno bem quente por aproximadamente dez minutos. Pique a cenoura, o salsão e a cebola, o alho e leve tudo ao forno com as ervas aromáticas. Asse por mais alguns minutos. Junte a farinha e doure um pouco. Retire do forno e coloque tudo em uma caçarola.

Adicione o vinho tinto e leve ao fogo, deixando evaporar pela metade. Junte o caldo de carne, um pouco de sal e a pimenta. Reduza pela metade até formar o molho. Retire do fogo e peneire. Junte a raiz-forte e deixe cozinhar mais um pouco. Reserve.

Mergulhe os ossos com tutano no caldo de carne fervendo e deixe-os cozinhar por dois minutos. Grelhe os filés temperados com sal e pimenta.

Sirva os filés cortados em medalhões e cobertos pelo molho. Ao lado, o osso de tutano. Podem acompanhar tortelli de abóbora, risoto de parmesão ou purê de batata.

Pente de Cordeiro
em Crosta de Ervas

Receita para 4 porções
Ingredientes

Cordeiro

4 carrés de cordeiro de 300 g cada

1/4 de xícara de azeite extravirgem
Sal a gosto
Pimenta a gosto

Molho

1 kg de osso e sobras de contrafilé de cordeiro
3 colheres (sopa) de azeite extravirgem
100 g de cenoura
100 g de salsão
100 g de cebola
2 dentes de alho
2 colheres (sopa) de farinha de trigo
1 xícara de vinho branco seco
2 litros de caldo de carne
Sal e pimenta a gosto

Modo de preparo
Molho

Esquente o azeite em uma assadeira. Coloque os ossos e a carne e torre em forno bem quente por aproximadamente dez minutos. Pique a cenoura, o salsão, a cebola, o alho e leve ao forno. Asse por mais alguns minutos. Junte a farinha, dourando um pouco. Retire do forno. Junte o vinho branco, retorne ao forno e deixe evaporar. Adicione o caldo de carne, o sal e a pimenta a gosto, reduzindo o molho pela metade. Retire do fogo e peneire.

Carré

Desosse o carré conservando os pentes separados. Retire a gordura dos cordeiros e a capa. Coloque um pouco de azeite em uma frigideira e sele rapidamente o lombo de cordeiro temperado com sal e pimenta a gosto. Retire e reserve.

Modo de Preparo

Doure o alho no azeite, junte as ervas e adicione o pão de forma. Misture bem e retire do fogo. Amorne e junte o parmesão ralado. Misture de novo até formar uma pasta úmida e compacta, como uma farofa. Leve os pentes de cordeiro ao forno preaquecido a 180°C por cinco minutos. Retire do forno e coloque por cima o lombo selado na cavidade dos ossos.

Ponha sobre ele a farofa de ervas e pressione para aderir ao cordeiro. Retorne ao forno por sete a oito minutos, até dourar a crosta. Retire e sirva em prato individual regado com o molho do cordeiro. Acompanha risoto à milanesa.

Crosta

6 fatias de pão de forma sem casca e picadas grosseiramente
3 colheres (sopa) de tomilho e alecrim picados de forma fina
6 dentes de alho picado
6 colheres (sopa) de queijo parmesão ralado
1/2 xícara de azeite extravirgem

Risoto de Lagosta com Aspargos, Gengibre e Tomate Confitado

Receita para 4 porções
Ingredientes

Risoto

1/2 cebola grande

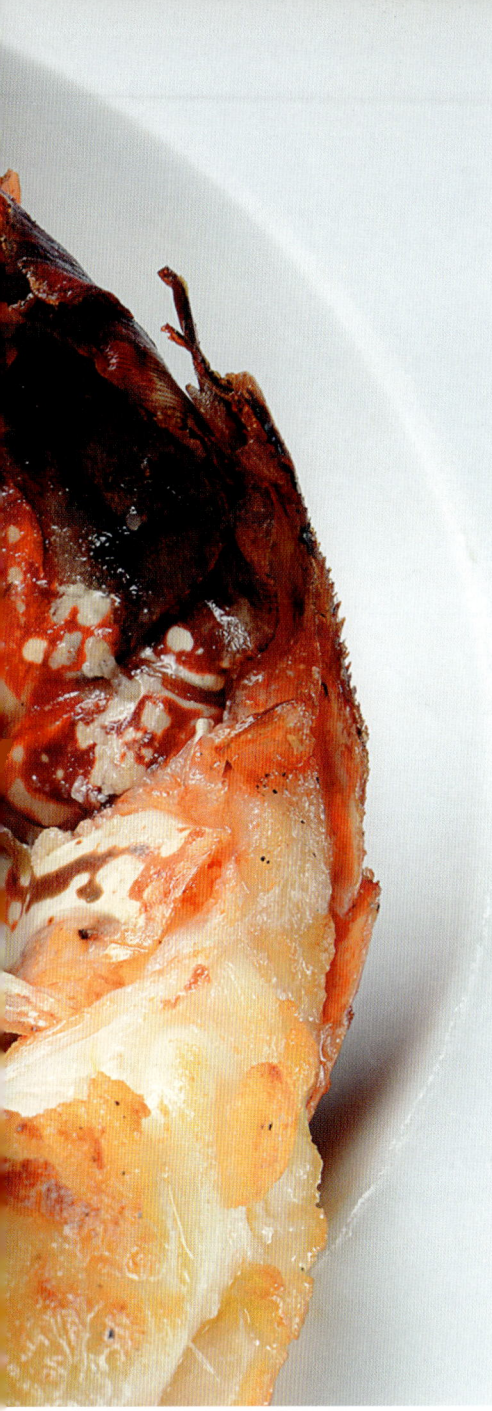

2 tomates
2 litros de caldo
300 g de lagosta picada em cubos
360 g de arroz carnaroli
(ou vialone nano)
40 g de gengibre agridoce picado
4 aspargos picados
4 colheres (sopa) de azeite
3 colheres (sopa) de manteiga
50 g de queijo parmesão ralado
1/2 taça de vinho branco

Caldo

2 litros de água
1 cebola
1 talo de salsão
1 talo de alho-poró
Espinha de peixe branco (pode ser robalo)
Cabeça da lagosta
Sal a gosto
Pimenta em grãos a gosto

Modo de preparo

Comece preparando o caldo. Ferva os dois litros de água com os ingredientes picados grosseiramente. Depois, passe em um coador e reserve. Antes de começar o risoto, é preciso refogar a lagosta picada.

Com uma colher de sopa de azeite e uma de manteiga em uma frigideira antiaderente, sele a lagosta por cerca de dois minutos em fogo alto. Ela vai ficar malpassada e terminará de cozinhar dentro do risoto.

Ferva os aspargos com uma pitada de sal por cerca de dois minutos para que fiquem ao dente. Retire e coloque em uma vasilha com água em gelo a fim de parar o cozimento. Depois, pique e reserve. Guarde as pontas para decorar.

Aqueça três colheres de azeite e uma de manteiga e refogue a cebola até ficar transparente. Com o fogo alto, adicione o arroz e refogue por alguns minutos. Depois, adicione o vinho e mexa mais um pouco.

Adicione o caldo. Jogue uma concha do caldo até cobrir o arroz, mexa um pouco e deixe ferver. Repita o processo por cerca de quatro ou cinco vezes, até o arroz começar a ficar ao dente. Este processo irá durar cerca de dez minutos.

Cerca de cinco minutos antes do fim do preparo, adicione mais um pouco de caldo, os aspargos picados, o tomate confitado em cubos, o gengibre e a lagosta. Então, mexa mais um pouco. Retire do fogo, adicione uma colher de manteiga, um filete de azeite, o queijo parmesão e misture tudo.

Sirva em pratos individuais e decore com as pontas dos aspargos e a casca da lagosta.

Ravióli de Brie e Pera
com Nozes e Molho Rosa

Receita para 4 porções
Ingredientes

Massa fresca
400 g de farinha de sêmola
300 g de farinha de trigo
500 g de gemas de ovos caipiras
2 pitadas de sal

Recheio
600 g de brie
Duas peras
80 g de nozes
100 g de queijo parmesão
Sal a gosto
Pimenta a gosto
Noz-moscada a gosto

Molho
1 litro de creme de leite fresco
500 g de molho de tomate

Modo de preparo

Massa
Coloque as farinhas sobre uma superfície lisa. Faça uma depressão no centro e acrescente as gemas e o sal. Com um garfo, misture, fazendo movimentos circulares de dentro para fora. Em seguida, amasse bem com as mãos até obter uma massa lisa. Depois, a envolva em um filme plástico. Como o clima no Rio de Janeiro é muito quente, leve a massa para a geladeira e deixe descansar por 30 minutos.

Recheio
Pique finamente as nozes e corte as peras em cubos pequenos. Misture delicadamente todos os ingredientes no bowl até obter um recheio compacto.

Molho
Passe o molho de tomate na peneira. Misture o creme de leite e leve ao fogo baixo até que fique cremoso.

Montagem do prato
Passe a massa no cilindro da espessura de 2 mm. Coloque um montinho de recheio no centro. Feche por cima com mais uma folha de massa e corte-a em forma de ravióli. Cozinhe em água abundante com sal e escorra. Coloque a massa na frigideira com o molho e misture delicadamente. Sirva em pratos individuais, guarnecida com leque de peras e nozes.

Tartare de Atum
sobre Cama de Palmito Pupunha

Receita para 4 porções
Ingredientes
400 g de atum fresco
200 g de palmito desfiado
1 maçã verde cortada em cubos
3 colheres (sopa) de azeite extravirgem
1 colher (sopa) de vinagre balsâmico de dez anos
1/3 de copo de creme de leite batido em chantilly azedo
Suco de 1/2 limão siciliano
50 g de batata chips
Sal e pimenta a gosto

Modo de preparo
Corte o atum em pequenos cubos e misture com as maçãs também cortadas em cubos. Tempere com sal, pimenta, metade do azeite e o balsâmico. Tempere o palmito com o restante do azeite e o suco do limão. Sirva em pratos individuais usando um aro de 5 cm; coloque primeiro o palmito e depois o atum. Pressione levemente e ponha o creme de chantilly e as batatas chips.

Crostone de Polenta
com Fígado de Vitela Alla Veneziana

Receita para 4 porções
Ingredientes
250 g de polenta
500 ml de água
800 g de fígado de vitela
2 cebolas médias
4 colheres (sopa) de azeite extravirgem
2 colheres (sopa) de manteiga
1/2 xícara de caldo de carne
1 colher (sopa) de vinagre de vinho branco
2 pitadas de farinha de trigo
1/2 colher (sopa) de salsinha picada
Sal e pimenta a gosto

Modo de preparo

Em uma panela, coloque a água e leve ao fogo até ferver. Vá misturando a polenta aos poucos e mexa sempre em fogo baixo até cozinhar completamente, o que deve levar cerca de oito minutos.

Espalhe a polenta em uma assadeira rasa até que fique bem lisa e espere esfriar. Com uma faca untada com azeite, corte a polenta na forma que desejar e reserve. Refogue a cebola cortada em julienne em fogo baixo com duas colheres de azeite por quatro minutos. Reserve.

Tempere o fígado cortado em finas tiras com sal e pimenta a gosto. Frite-o com o restante do azeite e a manteiga em fogo alto. Adicione o vinagre e deixe evaporar.

Junte a farinha, o caldo de carne e a cebola, e cozinhe por mais alguns minutos. Retire do fogo e acrescente a salsinha picada. Sirva sobre o crostone de polenta grelhada.

Tiramisù

Receita para 4 porções
Ingredientes

Creme de Mascarpone

300 g de queijo mascarpone
1 xícara de glaçúcar
3 gemas
3 colheres (sopa) de cacau em pó para polvilhar
300g de biscoitos ingleses
6 xícaras de café expresso
2 colheres (sopa) de vinho marsala ou conhaque

Modo de preparo
Creme de mascarpone

Bata as gemas com glaçúcar até obter um creme esbranquiçado. Adicione o mascarpone e continue batendo até conseguir uma mistura homogênea.

Tiramisù

Junte o vinho e o café ainda quente. Mergulhe os biscoitos rapidamente nesse líquido.

Cubra o fundo de uma travessa alta com os biscoitos. Espalhe sobre eles metade do creme de mascarpone e salpique o cacau em pó. Repita a operação, desta vez colocando os biscoitos no sentido perpendicular em relação aos que estão na travessa.

Deixe o doce na geladeira por, pelo menos, uma hora. Corte-o em pedaços e sirva-o em pratos individuais.

Paccheri Alla Vesuviana

Receita para 4 porções
Ingredientes
360 g de paccheri (ou rigatoni)
380 g de lulas cortadas em tiras
200 g de tomate-cereja
6 dentes de alho
1/2 copo de vinho branco seco
5 colheres (sopa) de azeite de oliva
100 g de rúcula limpa
1 colher (chá) de pimenta calabresa (ou 1 pimenta dedo-de-moça)
Sal a gosto

Modo de preparo
Aqueça o azeite em uma frigideira e doure o alho amassado. Junte as lulas e frite-as por alguns minutos. Adicione a pimenta, depois o vinho branco e deixe evaporar. Cozinhe tudo por mais alguns minutos até o molho reduzir. Junte os tomatinhos cortados ao meio e, por fim, a rúcula. Cozinhe a massa em bastante água com sal. Quando estiver cozida ao dente, escorra e misture o molho. Sirva guarnecido com folhas de rúcula e um fio de azeite.

Filé de Linguado ao Martini Dry com Vieiras e Risoto de Limão

Receita para 4 porções
Ingredientes
8 filés de linguado de 100 g cada
1/2 copo de Martini Dry
12 vieiras limpas com coral
4 colheres (sopa) de manteiga
3 colheres (sopa) de azeite extravirgem
2 colheres (sopa) de farinha de trigo
Sal a gosto
Pimenta a gosto
1/2 copo de caldo de peixe

Modo de preparo

Leve uma frigideira antiaderente ao fogo. Coloque metade da manteiga e duas colheres de azeite. Doure os filés de linguado temperados e passados de leve na farinha de trigo. Deglaceie* com o martini e reduza pela metade. Junte o caldo de peixe. Retire os filés e reduza o molho. Adicione sal e pimenta. Sirva em pratos individuais, regado com o molho e as vieiras temperadas e grelhadas, guarnecido com risoto de limão ou capponata.

Deglacear vem do francês *déglacer*, que significa remover e aproveitar o sabor dos restinhos de fritura e gordura que aderem no fundo da panela, acrescentando um líquido, geralmente alcoólico ou caldo, a uma panela quente ou assadeira, depois de fritar, assar ou refogar, para incorporar o *found* (sedimentos crocantes de puro sabor que ficaram grudados no utensílio).

CHEF MARCONES DEUS

Restaurantes MAUÁ, VICTORIA RIO E PAX

Nascido para fazer arte na cozinha

Com quase trinta anos de profissão, Marcones Deus descobriu seu amor pela gastronomia ainda na infância. Além da curiosidade de ver a avó cozinhar, aos oito anos ele já tentava preparar seus primeiros pratos com os produtos da fazenda de um vizinho, Zé de Du, em Junco, no interior da Bahia.

Foi na Praia de Guarajuba, no norte da Bahia, que ocorreu seu primeiro contato com a cozinha de um restaurante. Ele tinha 14 anos, reclamou da demora da comida e ouviu do gerente que estava faltando pessoal para trabalhar. Marcones não hesitou e se ofereceu para colocar a mão na massa. E assim foi traçado o destino do *chef*, que se mudou para a cidade e só saiu de lá para gerenciar um restaurante na Praia do Forte, seis meses depois.

Aos 16 anos, veio para o Rio de Janeiro e, depois de trabalhar como garçom e gerente, resolveu abrir seu próprio negócio e prestar consultoria. Na Cidade Maravilhosa, administra os restaurantes do Grupo Pax, entre eles o Complexo Victoria e o Pax Delícia Lagoon.

Para ele, criar pratos novos era parecido com a ceia da história de Peter Pan, que ao imaginar, ao fazer de conta, o cérebro reproduzia o sabor. "O Brasil é tão rico de temperos, cores e sabores! É gostoso criar e brincar com o regionalismo", afirma Marcones.

Mesmo aprendendo o ofício na prática desde cedo, o chef fez questão de buscar mais conhecimento. Em 2007, cursou a Escola de Cozinha Alain Ducasse, aprimorando ainda mais suas técnicas. A proposta dele é dar um toque contemporâneo à culinária brasileira, sempre inovando.

A imponência do Mauá.

■ **Mauá**

Endereço: Av. Borges de Medeiros, 1.424 - Lagoa
Telefone: (21) 2239-0881
Funcionamento: Domingo a quinta, de 12h até 0h. Sexta e sábado, de 12h até 1h
Cartões de crédito: Todos
Capacidade: 120 lugares
Site: www.restaurantemaua.com.br
Ano de abertura: 2015

Bate-papo com o CHEF

Você é do interior da Bahia e começou a cozinhar bem cedo. Como aconteceu isso para um menino, já que não é uma tradição nas famílias o homem ir para o fogão?

Realmente, foi muito estranho para uma criança que morava no interior da Bahia e adorava estar na cozinha com a avó. Mas desde muito cedo eu tinha a certeza de que seria cozinheiro. Lembro que sempre que eu ia para a fazenda dos vizinhos, os meus lugares preferidos sempre foram a cozinha e a horta, que ficava à margem da represa. Então, logo me tornei um tipo de assistente da Dona Dú, que era a proprietária da fazenda e a grande matriarca daquela família. Ela me tornou o responsável pelo preparo do feijão e, sem perder tempo, comecei a fazer minhas misturas. Então, em pouco tempo, meu feijão com pimentões se tornou o grande sucesso na hora do almoço. Assim, vieram os primeiros elogios. Confesso que todos achavam muito estranho um garoto que, em vez de estar brincando nos currais da fazenda, preferia ficar na cozinha.

Lembra o que preparava nessa época?

O que eu preparava era Galinhada, com galinha caipira, galinha-d'angola, bode... Comida afetiva e rural. Só fui conhecer os frutos do mar aos 14 anos, quando fui passar um Carnaval na Praia de Guarajuba. Lá começou minha experiência com a cozinha baiana e praiana.

Como foi, aos 14 anos, começar a trabalhar como ajudante de cozinha? Já tinha noção de gastronomia nessa época?

Sim, eu tinha, mas não sabia que isso poderia ser uma profissão. Até porque, como morava em uma pequena cidade do interior, jamais imaginei que um homem pudesse ser cozinheiro ou ser responsável por uma cozinha que alimentasse tantas pessoas. Eu acho que, naquela época, as pessoas não se preocupavam nem pensavam que tipo de gastronomia era aquela que estava sendo realizada, e sim se a comida era boa ou não. Ser cozinheiro não tinha nenhum glamour. Na verdade, eu não sabia o que era ser um cozinheiro, apenas queria cozinhar.

Parece que era seu destino, já que, logo depois, trilhou novos caminhos na área, não?

Sim, desde criança sonhava com comidas que não conhecia. Era meio estranho, porque eu sentia o sabor de alimentos que nunca tinha experimentado antes. Acho que era meio parecido com aquela ceia da história do Peter Pan, que, ao imaginar, ao fazer de conta, o cérebro reproduzia o sabor, como acontecia comigo.

O Victoria Rio e sua vista encantadora.

■ *Victoria Rio*

Endereço: Rua Mário Ribeiro, 410 – Lagoa
Telefone: (21) 2540-9017
Funcionamento: Domingo a quinta, de 18h até 1h. Sexta e sábado, de 18h até 2h
Cartões de crédito: Todos
Capacidade: 450 lugares
Site: www.complexovictoria.com.br
Ano de abertura: 2004

Você começou como autodidata, mas depois entrou em contato com a culinária francesa. O que mais o surpreendeu?

Na verdade, fiquei muito feliz, porque os cursos que fiz só serviram para me mostrar que tudo aquilo que eu já tinha feito não estava errado. E foi bom para corrigir alguns erros.

Você está sempre se aperfeiçoando e conhecendo novas regiões. Como é unir a culinária baiana à do resto do Brasil e do mundo?

Acho que hoje faço uma cozinha brasileira com base francesa. As viagens pelo Brasil e pelo mundo me dão a oportunidade de entender o cuidado que devemos ter com cada produto. O intercâmbio com grandes chefs e amigos em todo o Brasil me ensina que, se olharmos o alimento com o respeito que ele merece, provavelmente teremos um grande prato.

Teve que vencer alguma dificuldade?

Todo cozinheiro tem que matar um leão por dia. Sempre temos que vencer um desafio para que tudo aquilo que você idealizou se transforme em uma grande festa, e para que todos aqueles que comerem da sua comida fiquem felizes.

Sabe quantas receitas já preparou?

É impossível ter esse número, mas tenho certeza de que ainda irei produzir centenas, talvez milhares de outras receitas ao longo da vida.

Qual é sua sensibilidade mais apurada na cozinha?

Acho que minha sensibilidade é o amor, o respeito e o poder de transmitir isso a toda a equipe que trabalha comigo, assim como a cada produto.

Por qual receita você tem mais carinho?

Um ravióli com goiabada que criei nos anos 1990.

O Pax Delícia e seus ambientes.

■ *Pax Delícia Lagoon*

Endereço: Av. Borges de Medeiros, 1.424 – Lagoa
Telefone: (21) 2249-8762
Funcionamento: Domingo a quinta, de 12h até 0h. Sexta, sábado e feriado, de 12h até 1h
Cartões de crédito: Todos
Capacidade: 95 lugares
Site: www.lagoongourmet.com.br
Ano de abertura: 2012

Qual o seu prato preferido?

Não resisto a uma Galinhada.

Como vê a gastronomia hoje?

Ainda acho muito confuso essa garotada toda que vai para faculdade de Gastronomia achando que cozinhar é só glamour. Antes de encararem uma faculdade, deveriam passar por uma cozinha de verdade, porque só assim teriam certeza se realmente querem ser cozinheiros. O que me deixa mais feliz é o olhar dos brasileiros para nossa gastronomia e nossos produtos.

Como ser criativo no dia a dia de um restaurante?

Quando você realmente ama o que faz, tudo se torna tão natural quanto respirar. Lembrei que há muitos anos eu me sentei um pouco para descansar e surgiu um desejo de comer goiabada. Fui para a cozinha e criei um raviólí de goiabada que virou o grande sucesso do meu restaurante na época.

Mauá

Cuscuz de Tapioca com Baba de Milho-Verde, Chips de Coco e Sorvete de Canela

Receita para 4 porções
Ingredientes

Cuscuz

500 g de tapioca fina para cuscuz
1 litro e 2 copos de leite quente
200 ml de leite de coco
1 lata de leite condensado
1 coco ralado
1 pitada de sal

Modo de preparo

Em uma batedeira, adicione a tapioca e o sal. Lentamente, acrescente o leite quente, o leite de coco, o leite condensado e metade do coco ralado. Coloque a mistura em uma forma e salpique o restante do coco. Cubra com plástico PVC e deixe descansar por uma hora.

Baba de milho-verde

4 latas de milho-verde
500 g de açúcar
300 ml de água
200 ml de leite de coco
1 bastão de canela

Modo de preparo

Em um liquidificador, bata o milho até que vire um creme bem fininho. Passe-o na peneira e reserve. Despeje a água, o açúcar e a canela em uma panela. Misture até que o açúcar se dissolva e deixe ferver em fogo médio. Quando atingir ponto de fio, adicione o creme de milho e deixe cozinhar por vinte minutos. Adicione o leite de coco e deixe cozinhar por mais dez minutos.

Chips

500 g de açúcar
300 ml de água
1 coco cortado em lâminas bem finas

Modo de preparo

Despeje a água e o açúcar em uma panela. Misture até que o açúcar se dissolva completamente. Deixe ferver em fogo médio. Quando atingir o ponto de fio, adicione as lâminas de coco e deixe cozinhar até que fiquem transparentes. Retire do fogo e escorra a calda. Em um tabuleiro forrado com papel-manteiga, espalhe as lâminas de coco e leve ao forno a 110°C até que fiquem na cor de caramelo. Retire do tabuleiro e deixe esfriar. Sirva com sorvete de canela.

Bacalhau Confitado com Baião de Dois Cremoso

Receita para 4 porções
Ingredientes

Bacalhau

1 kg de bacalhau imperial sem espinhas e dessalgado
750 ml de azeite extravirgem
2 ramos de tomilho
2 folhas de louro
12 dentes de alho na casca
2 cebolas limpas e inteiras
1 pimenta dedo-de-moça

Baião de dois

100 g de arroz
400 g de feijão verde cozido
300 ml de caldo de feijão
2 dentes de alho picados
1 cebola pequena picada
50 g de queijo coalho cortado em pequenos cubos
50 g de natas
1 tomate sem pele e sementes cortado em pequenos cubos
Coentro picado a gosto
Sal e pimenta-do-reino a gosto
50 g de manteiga
20 ml de azeite extravirgem

Chips de alho

12 dentes de alho laminados
Azeite para fritura

Tuile

100 g de parmesão

Modo de preparo
Bacalhau

Esquente o azeite com o alho na casca, incluindo dois ramos de tomilho, duas folhas de louro, a pimenta e as cebolas até atingir 80ºC. Coloque o bacalhau no azeite, sem deixar que ele atinja o ponto de fritura, e deixe-o cozinhar por 15 minutos. Retire as cebolas e fatie.

Baião

Em uma panela, refogue o alho e a cebola no azeite. Acrescente o arroz e o caldo de feijão e tempere tudo com sal e pimenta. Deixe cozinhar por uns 10 minutos. Quando a água estiver secando, coloque o feijão. Depois coloque a manteiga, a nata, o queijo coalho, o tomate e o coentro.

Chips

Esquente o restante do azeite em uma frigideira e frite os chips de alho até que estejam levemente dourados. Seque em papel absorvente.

Tuile

Rale o queijo parmesão bem fino e salpique em uma frigideira pequena antiaderente. Em fogo baixo, deixe que o parmesão fique como uma casquinha crocante e depois doure do outro lado.

Montagem do prato

Disponha o bacalhau no prato. Sobre ele, lâminas de cebola e chips de alho. Ao lado, coloque o baião de dois e apoie sobre ele o tuile de parmesão.

Camarão em Crosta de Tapioca ao Molho de Maracujá com Arroz Cremoso de Queijo Coalho

Receita para 4 porções
Ingredientes

Camarão

16 camarões VG já descascados e com os rabos
100 g de farinha de trigo
2 ovos inteiros
200 g de flocos de tapioca
1 limão
Óleo para fritura
Sal a gosto

Risoto

200 g de arroz arbóreo
100 g de queijo coalho em cubinhos
100 g de queijo coalho processado em ponto de pasta
1 cálice de vinho branco
1 caldo de legumes diluído em 1 litro de água
1 galho de coentro
1/2 cebola bem picada
50 g de manteiga

Molho de maracujá

2 polpas de maracujá
100 ml de suco de maracujá
100 g de açúcar
100 ml de leite de coco
1 galho de coentro

Modo de preparo
Camarão

Tempere os camarões com limão e sal. Passe os camarões na farinha de trigo. Retire o excesso de farinha e, depois, os empane com os flocos de tapioca e frite-os.

Risoto

Junte em uma panela a cebola picada com metade da manteiga e misture. Adicione o arroz e mexa por um minuto. Acrescente o vinho branco e continue mexendo. Em seguida, adicione o caldo de legumes e o coentro. Mexa sempre até chegar ao ponto de cozimento. Coloque o queijo coalho em pasta e os cubos, mexendo sempre. Por fim, acrescente o restante da manteiga.

Molho de maracujá

Junte o açúcar, o suco e as polpas de maracujá. Ferva tudo até o caldo ficar "transparente". Adicione o leite de coco e o coentro e deixe ferver por três minutos.

Montagem do prato

Coloque o risoto no centro do prato. Regue as laterais com o molho de maracujá. Por fim, apoie quatro camarões sobre o risoto e está pronto para servir.

Mignon do Sol

Entremeado com Queijo Manteiga, Cebolinhas ao Forno com Banana Grelhada e Farofa Crocante

Receita para 4 porções
Ingredientes

Filé
4 tornedores (batidos) de filé mignon com 200 g cada
200 g de queijo manteiga fatiado em lâminas
40 g de sal
50 ml de manteiga de garrafa
8 bananas-prata cortadas e sem as pontas
Mel de engenho

Cebolinhas assadas
200 g de cebola calabresa
50 g de bacon
1 galho pequeno de tomilho
1 galho pequeno de alecrim

Farofa crocante
400 g de cebola roxa laminada
200 g de farinha de mandioca
10 g de sal
100 ml de azeite
50 ml de manteiga de garrafa

Modo de preparo
Filé
Tempere o filé com sal. Coloque para marinar por 48 horas, escorrendo sempre a salmoura. Fatie o filé em seis pedaços e grelhe na frigideira com a manteiga de garrafa. Entremeie o filé com as fatias do queijo manteiga. Para derreter o queijo, coloque o filé no forno a 180°C por cerca de cinco minutos. Grelhe as bananas na chapa até dourar.

Cebolinhas assadas
Descasque as cebolas e corte-as pela metade. Fatie o bacon em cubos. Em uma frigideira, coloque as cebolas deitadas com a parte do corte para baixo, o bacon e as ervas. Deixe em fogo baixo até dourar as cebolas. Depois de dourá-las por baixo, leve ao forno a 180°C até fazer o mesmo com a parte de cima.

Farofa crocante
Misture o azeite com a cebola roxa e leve ao fogo até ela ficar dourada e seca. Coloque o sal, a manteiga e, em seguida, a farinha. Mexa bem até torrar a farinha, o que leva cerca de um minuto.

Montagem do prato
Coloque as bananas em um prato raso. Sobre elas ponha o filé e, em cima, as cebolinhas assadas. Regue o filé com mel de engenho. Ao lado, coloque a farofa.

Pax Delícia Lagoon

Atum com Salada de Nirá

Receita para 4 porções
Ingredientes
500 g de feijão-azuki
4 litros de água
2 colheres (sopa) de óleo de gergelim
10 g de alho picado
1 maço de nirá picado em pedaços de cerca de 3 cm
2 colheres (chá) de molho shoyu
100 g de queijo tofu em cubos
1/2 maço de salsa picada
600 g de atum (dividir em 4 porções)
1 colher (chá) de sal
Pimenta a gosto

Modo de preparo

Coloque o feijão em uma panela de pressão com quatro litros de água. Depois de atingida a pressão, deixe cozinhar por 30 minutos. Escorra o caldo e reserve. Doure em uma frigideira o óleo de gergelim e o alho. Adicione o nirá, o shoyu, o feijão, o tofu e a salsa. Reserve. Tempere o atum com sal e a pimenta. Grelhe em chapa quente por três minutos.

Montagem do prato

Coloque o feijão em um prato raso e, sobre ele, disponha o atum.

Queijo Brie com Crosta Crocante de Amêndoas

Receita para 4 porções
Ingredientes
200 g de amêndoas picadas
3 colheres (sopa) de farinha de trigo
100 ml de água gelada
400 g de queijo brie
Óleo para fritar

Molho de damasco
200 g de damasco
100 g de açúcar
300 ml de água

Modo de preparo
Queijo brie

Adicione a água à farinha de trigo e misture até virar um creme. Passe o tablete de queijo brie no creme de farinha de trigo e empane-o com as amêndoas picadas. Frite no óleo a 110°C.

Molho
Leve o damasco, o açúcar e a água ao fogo e deixe cozinhar por aproximadamente dez minutos. Deixe esfriar e, em seguida, bata no liquidificador. Reserve.

Montagem do prato
Coloque no prato o queijo brie, regue com molho e sirva com torradas.

Banana Pax

Receita para 4 porções
Ingredientes
Banana
4 bananas-prata
100 g de açúcar
Canela para polvilhar
4 bolas de sorvete de baunilha

Creme inglês
150 ml de leite
100 ml de creme de leite
1 fava de baunilha
100 g de gema
90 g de açúcar

Modo de preparo
Creme
Ferva o leite com o creme de leite e a fava de baunilha cortada ao meio. Em uma tigela, misture as gemas com o açúcar e adicione o leite fervente. Misture bem e leve ao fogo baixo. Cozinhe e resfrie rápido em uma bacia com água e gelo.

Montagem do prato
Fatie as bananas com 1 mm de espessura. Forre o fundo de cada prato com o creme e, por cima, arrume as lâminas de banana. Salpique o açúcar e queime com um maçarico. Em cima, disponha uma bola de sorvete e polvilhe com canela. Decore com hortelã e uma fava de baunilha.

Victoria Rio

Salmão em Crosta de Gergelim

Receita para 4 porções
Ingredientes

Salmão

800 g de tornedor de salmão
100 g de farinha de trigo integral
80 g de gergelim branco
80 g de gergelim preto
3 claras de ovos
Sal e azeite a gosto

Salada

2 mangas em lâminas bem finas
1/4 de molho de coentro picado
1/2 cebola roxa em lâminas bem finas
20 ml de óleo de gergelim
20 ml de vinagre de arroz
1/2 caixa de broto de alfafa

Shoyu

100 ml de shoyu
50 ml de mel

Modo de preparo

Tempere o salmão com sal. Em seguida, passe-o na farinha de trigo integral e nas claras. Depois, empane o salmão no mix de gergelim. Por fim, grelhe no azeite e reserve para a montagem do prato.

Montagem do prato

Arrume os tornedores de salmão no prato, decorando com a salada. Regue com o molho de shoyu e sirva.

Bacalhau a Castellões

Receita para 4 porções
Ingredientes

Bacalhau

600 g de bacalhau dessalgado e desfiado
200 g de cubos pequenos de batata (cozidos e fritos)
100 g de aspargos verdes laminados
100 ml de azeite extravirgem
4 dentes de alho picados
1 cebola grande picada

Creme

400 ml de creme de leite fresco
100 g de queijo parmesão ralado
100 g de catupiry
4 gemas
Noz-moscada ralada

Farofa

100 g de queijo parmesão
200 g de torradas trituradas

Modo de preparo
Bacalhau

Refogue o alho e a cebola no azeite. Adicione o bacalhau desfiado e mexa por alguns minutos. Retire do fogo, junte a batata em cubos e reserve.

Creme

Leve todos os ingredientes ao fogo e deixe ferver, mexendo por dois minutos.

Farofa

Misture todos os ingredientes.

Montagem do prato

Misture os aspargos ao bacalhau. Em uma vasilha refratária, adicione a metade do creme e, sobre ele, o bacalhau. Regue com a outra metade do creme, salpique com a farofa e leve ao forno para gratinar.

Brownie Preto e Branco

Receita para 8 a 10 porções
Ingredientes

Brownie branco
1 clara
80 g de nozes
1 g de sal

Massa
150 g de chocolate branco
125 g de manteiga amolecida
400 g de açúcar
4 ovos
200 g de farinha de trigo

Brownie preto
1 clara
80 g de nozes
1 g de sal

Montagem do prato

8 a 10 bolas de sorvete de baunilha
8 a 10 morangos
Folhas de hortelã

Modo de preparo
Brownies

Preaqueça o forno a 150°C. Misture a clara e o sal. Passe as nozes nessa mistura para umedecê-las. Forre uma assadeira com papel-manteiga e coloque as nozes no forno. Deixe tostar por dez minutos, espere esfriar e pique grosseiramente. Aumente a temperatura do forno para 170°C.

Para preparar a massa, pique o chocolate com uma faca e coloque-o em uma panela para derreter em banho-maria. Peneire a farinha. Bata a manteiga na batedeira até que fique homogênea. Adicione o chocolate derretido, o açúcar e os ovos, sem parar de bater. Incorpore rapidamente a farinha e, em seguida, as nozes picadas.

Unte uma forma refratária de cerca de 22 cm por 30 cm e forre-a com papel-manteiga. Despeje a massa e leve ao forno, deixando assar por 20 a 25 minutos. Retire do forno e deixe esfriar em temperatura ambiente. Em seguida, leve à geladeira. Corte os brownies em quadrados com cerca de 4 a 5 cm.

Calda

Pique o chocolate e coloque em uma panela de fundo espesso com água, açúcar e creme de leite. Misture bem com uma colher. Sem parar de mexer, leve a calda ao fogo médio. Diminua o fogo e deixe a calda cozinhar, mexendo constantemente, até que ela fique aveludada e recubra a colher. Retire do fogo.

Montagem do prato

Em um prato fundo, coloque uma metade de brownie preto, recheie com um bola de sorvete de baunilha e cubra com a outra metade de brownie branco. Adicione por cima do brownie a calda de chocolate quente e decore com um leque de morango e folhas de hortelã.

Massa

140 g de chocolate meio amargo
120 g de farinha de trigo
220 g de manteiga em temperatura ambiente
20 g de manteiga para untar a forma
250 de açúcar
4 ovos

Calda de chocolate

130 g de chocolate meio amargo
250 ml de água
70 g de açúcar
125 ml de creme de leite fresco

CHEF NELO GARAVENTA

Fotos: João Mário Nunes

Restaurante DUO

Viagem aos sabores da Itália

O charme dos móveis em madeira.

Nelo Garaventa nasceu e foi criado em Petrópolis, na Região Serrana do Rio de Janeiro. Desde pequeno, apreciava os pratos preparados por sua avó paterna. De ascendência italiana, havia sempre pratos típicos da culinária do país em sua casa. Contudo, apenas depois de entrar para a faculdade de Administração é que veio o desejo de investir na Gastronomia. Até então, ele trabalhava com o pai, administrando os negócios da família. Com o diploma na mão, ele foi à luta.

Primeiro, Nelo trabalhou com José Hugo Celidônio e começou a ter certeza de que cozinhar era mesmo o que queria. Fez um estágio no Guimas e foi aconselhado pelo chef italiano Danio Braga a estudar um pouco no Brasil antes de seguir para a Itália. Após concluir cursos profissionalizantes no Senac, em São Paulo, começou a atuar em restaurantes no Rio.

Depois, seguiu para uma temporada no país de seus antepassados em busca de mais aprendizado e teve a oportunidade de trabalhar em hotéis e restaurantes contemplados com as ambicionadas estrelas do *Guia Michelin*, ao lado de chefs renomados.

Na volta ao Brasil, Nelo passou por casas como o Cipriani, do Hotel Copacabana Palace, o Carême, de Flávia Quaresma, o Fasano Al Mare, do Hotel Fasano, o Alessandro & Frederico, o Aprazível e o Brigite's. Da Europa, Nelo trouxe o hábito de trabalhar com produtos frescos e ressaltar o sabor dos alimentos. Atualmente, ele comanda a cozinha do restaurante carioca Duo, na Barra da Tijuca, onde coloca em prática todo seu talento.

Vista do restaurante, com o bar ao fundo.

■ **Duo**

Endereço: Av. Érico Veríssimo, 690 – Barra da Tijuca
Telefone: (21) 2484-4547
Funcionamento: Segunda, de 19h até 1h. Terça a quinta, de 12h até 16h, e de 19h até 1h. Sexta, de 12h até 16h, e de 19h até 1h30. Sábado, de 12h até 1h30. Domingo, de 12h até 0h.
Cartões de crédito: Todos
Capacidade: 120 lugares
Site: www.duorestaurante.com.br
Ano de abertura: 2011

Bate-papo com o CHEF

Como você resolveu investir na gastronomia?

Meu pai foi mecânico e sempre mexeu com carro, assim como meu avô. Mas minha avó paterna e meu bisavô tiveram um restaurantezinho na Itália, uma *osteria* (hospedaria de beira de estrada, administrada por uma família). Terminei a escola e não sabia o que queria. Fiz faculdade de Administração, que é algo meio genérico. Trabalhava com meu pai, mas não era o que eu amava fazer. Foi quando eu decidi investir na profissão em que estou.

Teve influência da avó italiana?

Minha avó tinha voltado para a Itália, mas sempre que vinha ao Brasil ela cozinhava e muito bem. Então, havia aquela memória.

Alguma vez, antes de decidir pela Gastronomia, teve que cozinhar?

Eu trabalhava com meu pai e fazia faculdade. Então, eu sempre comia em casa. Já estava tudo pronto lá. Mas antes de terminar o curso de Administração surgiu o interesse. Como havia aquela coisa da mãe e da avó que cozinhavam bem, quis testar isso e comecei a fazer alguns cursos independentes. Na época, fiz o do José Hugo Celidônio e comecei a achar interessante. Eu sou bastante amigo da Domingas, filha do Chico Mascarenhas, proprietário do Guimas. Então, pedi a ele para ficar um mês no restaurante, pois tinha noção que uma coisa é fazer um curso, outra é estar na cozinha no dia a dia. Foi meu primeiro contato na cozinha de um restaurante e gostei. A partir daí é que comecei a me aprimorar cada vez mais.

Qual caminho você seguiu?

Pensei em ir para a Itália direto, mas resolvi pedir ao Danio Braga, dono da Locanda della Mimosa, algumas dicas. Ele me aconselhou a fazer antes um curso no Senac de Águas de São Pedro, em São Paulo. Então, fiz esse curso de cozinheiro, que era gratuito. O estudante passa seis meses no hotel, mora lá. Depois, fiz um de chef internacional, pago e conveniado com o Instituto de Culinária da América, em Nova York. Eu me formei e voltei para dizer ao Danio que queria trabalhar na Itália.

Na Itália você já foi direto para trabalhar?

Sim. Como meu pai é italiano, eu tinha todos os documentos legais para trabalhar lá. Aí, o Danio me indicou um chef em Cremona, que tinha uma estrela do *Guia Michelin*. Fiquei com ele por um bom tempo e foi me indicando outros.

Tijolinhos e espelhos fazem parte da decoração.

Detalhe de uma das mesas do Duo.

Você sentiu muita diferença em trabalhar na Itália e no Brasil?

Eu sinto muita diferença, principalmente nos produtos. O Brasil está tentando trabalhar com produtos frescos, de pequenos produtores. Na Itália, isso existe desde que o mundo é mundo. Aprendi isso lá. Fui com o curso do Senac e algum trabalho em cozinha, mas lá eu me "alfabetizei" na cozinha. Como a mão de obra na Itália é menor, a gente absorve muito trabalho, o ritmo é bem mais frenético. Foi um aprendizado. Tive contato com matéria-prima de primeira qualidade. Todos os restaurantes em que trabalhei tinham chefs com uma estrela Michelin, e eles deixam a pessoa trabalhar assim que percebem que ela pegou a prática.

Você voltou com um contato certo no Brasil?

Sim. Um dos chefs com quem trabalhei era amigo do Francesco, do Cipriani, e mandei meu currículo. Já voltei com trabalho certo. Rodei todos os setores e fiquei um ano e pouco. Só que queria crescer, lá já tinha um subchef e fui para o Carême Bistrô, da Flávia Quaresma. Foi meu primeiro trabalho como chef. Lá eu tinha total autonomia. Depois fiquei um tempo em Búzios (RJ) e passei por vários restaurantes. Pude me desenvolver bastante. Mas eu queria mesmo era colocar meu *know-how* em prática e surgiu a oportunidade de trabalhar no Brigite's, que estava sem chef. Então, pude criar. Fiquei lá por três anos e depois vim para o Duo.

Qual é sua criação preferida?

É a mesma coisa que perguntar a um músico qual é a música preferida dele. O que define o melhor prato para mim é ter um produto fresquinho. Estou com o contato de alguns mergulhadores, e se tem um peixe fresquinho, eu sirvo um simples carpaccio que pode ser o melhor. Então, depende muito da ocasião e do produto que eu tenho.

O bom é que você tem um cardápio sempre diferente, não é?

É. Na Itália isso é comum. Lá, os chefs têm o hábito de fazer o cardápio no dia. No Brasil, a gente fica um pouco preso, mas é bom quando dá para fazer isso. No Duo eu consigo trabalhar um pouco assim. Às vezes tem aquele cliente fiel ao restaurante e que pede para eu fazer um prato. Aí, se tem um atum fresquinho, faço um carpaccio. O melhor são as coisas simples.

Você tem um prato preferido?

É interessante, mas eu não tenho um prato preferido.

Você nunca chegou a encontrar uma grande dificuldade no meio do caminho, não é?

Teve a dificuldade do trabalho em si, mas nada demais. Até porque eu gosto dessa pressão.

Creme de Couve-flor com Lagostins Crocantes

Receita para 4 porções
Ingredientes

Creme

1 couve-flor grande
70 g de manteiga sem sal
160 g de cebola picada
1 litro de leite integral
Sal e pimenta a gosto

Modo de preparo

Limpe a couve-flor retirando as folhas. Corte grosseiramente a couve-flor, inclusive o talo, e lave. Em uma panela, refogue a cebola com a manteiga até ficar transparente (muito importante não dar cor à cebola para que não altere a do creme). Tempere com sal e pimenta. Adicione o leite e cozinhe em fogo baixo até que a couve-flor esteja macia. Bata no liquidificador até ficar homogêneo. Corrija o tempero e reserve.

Lagostim

12 lagostins graúdos (cerca de 100 g cada) já limpos
300 ml de leite
300 g de farinha de semolina
Sal e pimenta a gosto
Óleo para fritura

Modo de preparo

Tempere os lagostins com sal e pimenta. Mergulhe no leite e passe na farinha de semolina. Repita a operação mais uma vez. Frite em óleo bem quente até que fique dourado. Aqueça o creme e o disponha em um prato fundo. Sobre o creme, coloque três lagostins por prato e sirva.

Atum em Crosta com Caponata de Legumes à Siciliana

Receita para 4 porções
Ingredientes

Caponata

1 kg de berinjelas
500 ml de óleo de fritura
250 g de cebolas laminadas finamente
600 g de talos de aipo cortados em meia-lua
50 ml de azeite extravirgem
500 g de molho de tomate
Sal e pimenta a gosto
70 ml de vinagre de vinho branco
50 ml de mel
50 g de alcaparras lavadas
200 g de azeitonas pretas sem caroços
1 maço de manjericão

Modo de preparo

Corte a berinjela em cubos de 1,5 cm e frite-os em óleo quente até ficarem dourados. Escorra e coloque em papel toalha. Em uma panela, refogue em azeite a cebola e o aipo até ficarem transparentes. Acrescente o molho de tomate, o sal, a pimenta, o mel e o vinagre, e deixe cozinhar em fogo baixo por vinte minutos. Adicione a berinjela frita, as alcaparras e as azeitonas, e deixe cozinhar por mais dez minutos. Acrescente o manjericão em folhas e reserve.

Atum

800 g de atum cortados em quatro filés em formato de bastão com cerca de 15 cm de comprimento por 4 cm de largura
200 g de farinha panko
Sal e pimenta a gosto
80 ml de azeite extravirgem

Modo de preparo

Tempere o atum com sal e pimenta. Passe em 20 ml de azeite e, em seguida, na farinha panko. Aqueça bem a frigideira com azeite e doure rapidamente o atum por todos os lados, tendo atenção para que fique cru por dentro.

Montagem do prato

Corte o atum em fatias de 0,5 cm e disponha no prato. Ao lado, coloque a caponata para finalizar.

Gnocchi Dourado com Lulas sobre Purê de Favas

Receita para 4 porções
Ingredientes

Gnocchi

500 g de batatas já cozidas e passadas no espremedor
150 g de farinha de trigo
2 gemas
5 g de sal

com gelo para resfriar. Escorra o gnocchi e ponha-o em um recipiente, misturando óleo para não grudarem. Reserve na geladeira.

Creme de favas

230 g de favas-brancas
100 g de batatas
600 ml de caldo de legumes
10 g de sal grosso
120 ml de azeite extravirgem
Pimenta-do-reino a gosto

Modo de preparo

Deixe as favas de molho por 12 horas. Descasque as favas e coloque-as em uma panela. Cubra com o caldo de legumes. Descasque as batatas e corte-as em rodelas. Ponha sobre as favas. Tempere com o sal grosso e a pimenta e cozinhe em fogo baixo até que as favas e as batatas estejam macias. Bata no processador de alimentos, adicionando o azeite em fio até o creme ficar liso e homogêneo. Corrija o tempero e reserve.

Finalização

60 g de manteiga
180 ml de azeite extravirgem
1 kg de lulas
100 ml de vinho branco
250 ml de caldo de peixe
Sal e pimenta a gosto
Um maço de salsinha picada

Modo de preparo

Limpe as lulas, cortando o corpo em tiras de 1 cm de largura, e reserve. Em uma frigideira antiaderente, aqueça a manteiga com 60 ml de azeite, disponha o gnocchi e deixe dourar. Retire da frigideira e reserve em um lugar quente. Em uma frigideira bem quente, coloque outros 120 ml de azeite, as lulas e, logo em seguida, o vinho branco. Deixe evaporar por um minuto e adicione o caldo de peixe, o sal, a pimenta e a salsinha. Espelhe o prato com o creme de favas, coloque o molho de lulas por cima do creme e finalize com o gnocchi dourado.

Modo de preparo

Em uma mesa enfarinhada, misture todos os ingredientes com a mão até formarem uma massa uniforme. Enrole a massa fazendo cilindros de aproximadamente 1 cm de diâmetro. Em seguida, corte em pedaços de aproximadamente 2 cm. Passe no garfo para fazer o formato de uma concha. Cozinhe o gnocchi em uma panela de água fervente até que subam à superfície. Com uma escumadeira, retire o gnocchi e coloque em água

Leitão de Leite com Feijões-brancos

Receita para 6 porções
Ingredientes

Leitão

1 leitão de leite de cerca de 5 kg
2 kg de lombo de porco
50 g de sal grosso
8 g de pimenta-do-reino triturada
5 folhas de louro
1 maço de alecrim
1 maço de sálvia
1 maço de salsinha
1 maço de hortelã
3 dentes de alho
750 ml de vinho branco
250 g de cebola cortada em quatro pedaços
150 g de cenoura cortada em rodelas
2 talos de aipo cortados em quatro pedaços

Modo de preparo

Pique todas as ervas com o alho, misture com o sal grosso e reserve. Desosse o leitão por completo e o abra em cima de uma mesa, como uma manta, com a parte da carne para cima. Massageie a carne do leitão com a mistura de ervas, o sal e o alho. Fatie o lombo de porco e disponha-o uniformemente sobre a carne do leitão. Enrole o leitão e amarre. Marine em um recipiente com a cenoura, a cebola, o aipo e o vinho branco. Deixe descansar por 24 horas. Escorra a marinada. Em um tabuleiro, disponha os legumes da marinada, coloque o leitão por cima e adicione o líquido da marinada até cobrir 1/3 do leitão. Cubra com papel-alumínio e asse em forno preaquecido a 150°C por seis horas. Retire o leitão do forno, aumente a temperatura para 280°C e recoloque o leitão sem o alumínio. Deixe até que a pele fique bem dourada e crocante.

Feijão

400 g de feijões-brancos
100 g de bacon picado finamente
120 g de cebola picada finamente
80 g de cenoura picada finamente
80 g de aipo picado finamente
2 folhas de louro
60 g de manteiga sem sal
60 ml de azeite extravirgem
120 ml de vinho branco
100 g de molho de tomate
600 ml de caldo de legumes

80 ml de molho demi-glace
1 maço de sálvia picada
Sal e pimenta a gosto

Modo de preparo

Deixe os feijões de molho por 12 horas. Em uma panela, refogue o bacon com o azeite e a manteiga. Adicione a cebola, a cenoura e o aipo e refogue até ficar transparente. Acrescente os feijões e refogue por dois minutos. Ponha o vinho branco e deixe evaporar. Adicione o molho de tomate, o caldo de legumes e o demi-glace. Acrescente o sal, a pimenta, o louro e deixe cozinhar o feijão até ficar ao dente (por aproximadamente 40 minutos). Corrija o tempero e finalize com a sálvia picada.

Montagem do prato

Em um prato fundo, disponha os feijões. Corte o leitão em fatias de 4 cm e coloque sobre os feijões. Decore com sálvia frita.

Suflê de Chocolate Amargo com Pistaches e Molho de Açafrão

Molho de açafrão

500 ml de leite integral
100 g de açúcar
5 gemas
1/2 fava de baunilha
5 g de açafrão em pó

Modo de preparo

　Abra a fava ao meio e raspe as sementes. Coloque no leite tanto a casca quanto as sementes e o açafrão. Leve ao fogo até ferver. Enquanto isso, bata as gemas com o açúcar em uma batedeira até a mistura crescer de tamanho e ficar branca. Adicione ao leite fervido e cozinhe a mistura em banho-maria até engrossar, de forma que você passe o dedo na colher e as bordas do creme não escorram ao ponto de se encontrarem.

Suflê

350 g de chocolate amargo
150 g de manteiga sem sal
5 ovos
100 g de açúcar

Modo de preparo

　Eu um micro-ondas com a potência baixa, derreta o chocolate e a manteiga. Adicione as gemas uma a uma. Monte as claras em neve com o açúcar em picos firmes e misture delicadamente ao chocolate. Unte oito ramequins de 8 cm de diâmetro com manteiga. Encha até a metade com a base do suflê. Coloque uns seis pistaches açucarados e complete com o restante do suflê. Asse em forno preaquecido a 240°C por 15 minutos e sirva imediatamente, regando com o molho de açafrão.

Receita para 8 porções
Ingredientes

Pistache

130 g de açúcar
30 ml de água
300 g de pistache torrado

Modo de preparo

Faça um caramelo com a água e o açúcar em ponto de bala. Ponha o pistache e mexa para o açúcar cristalizar como uma farofa.

Musse de Coco com Calda de Goiaba

Receita para 8 porções
Ingredientes

Calda de goiaba

150 g de abacaxi já limpo
125 g de polpa de maracujá
250 g de goiaba em cubos
125 g de açúcar
100 g de glucose

Modo de preparo

Bata tudo no liquidificador até ficar liso. Passe no coador e reserve.

Musse

250 g de leite de coco
10 g de gemas
190 g de açúcar
50 g de coco ralado
6 g de gelatina
500 g de creme de leite fresco

Modo de preparo

Ferva o leite de coco. Enquanto isso, bata as gemas com o açúcar em uma batedeira até a mistura crescer de tamanho e ficar branca. Adicione ao leite de coco fervido e cozinhe a mistura em banho-maria até engrossar, de forma que você passe o dedo na colher e as bordas do creme não escorram ao ponto de se encontrarem. Adicione a gelatina e mexa para que se dissolva. Reserve. Bata o creme de leite na batedeira em ponto de chantilly e misture delicadamente ao creme de coco. Coloque a musse em aros de 7 cm de diâmetro por 5 cm de altura e deixe na geladeira por 12 horas. Quando servir, passe um pano com água quente por fora do aro e desenforme a musse. Regue com a calda de goiaba.

CHEF PABLO FERREYRA

Restaurante **TÉRÈZE**

O argentino que ama o Brasil

Desde março de 2014, o posto de chef executivo do Térèze, restaurante do Hotel Santa Teresa, no Rio de Janeiro, está a cargo de Pablo Ferreyra. Sua trajetória no único Relais & Châteaux do Rio, no entanto, começou em outubro de 2012, como *sous chef* de seu antecessor, o francês Philippe Moulin.

A cozinha entrou na vida de Pablo ainda na infância. Aos oito anos, após perder o pai, ele precisava ajudar no sustento da família, e foi lavando louça em um restaurante que ele teve seu primeiro contato com os pratos.

Aos vinte anos, o argentino foi morar nos EUA, começou a trabalhar em um restaurante como ajudante de cozinha e ganhou do proprietário a oportunidade de cursar o célebre Culinary Institute of America, em Nova York. Com a tragédia do 11 de setembro de 2001, quando o país foi alvo de atentados terroristas cometidos pela Al Qaeda, decidiu emigrar e se casou com uma brasileira.

Pablo tem na bagagem mais de dez anos de experiência na cena gastronômica carioca, tendo atuado ao lado de chefs como Roberta Ciasca, com quem esteve por dois anos na cozinha do Miam Miam, e Roland Villard, do Le Pré Catelan. Em seu currículo estão ainda passagens pelos restaurantes Gula Gula, Prima Bruschetaria, Chez L'Ami Martin e Terral, no Sheraton Barra, além de cursos complementares de confeitaria e cozinha vegetariana.

Ídolos

Como qualquer pessoa, Pablo Ferreyra também tem seus ícones na gastronomia. "São pessoas que eu admiro bastante. Não conheço muito, mas estou querendo conhecer. Um é um argentino que se chama Mauro Colagreco. Ele trabalha na França há muito tempo, 12 anos, e conquistou duas estrelas do *Guia Michelin*. Começou de baixo, é autoral. O outro é Daniel Humm, chef do Eleven Madison Park, restaurante que está na lista dos cinquenta melhores do mundo, em quinto lugar, e que fica em frente ao Central Park, em Nova York", conta.

Ao fundo, a adega do Térèze.

■ Térèze

Endereço: Rua Felício dos Santos, s/n – Santa Teresa
Telefone: (21) 3380-0220
Funcionamento: Café da manhã, diariamente, de 7h até 10h30. Almoço, de segunda a sexta, de 12h30 até 15h30. Jantar, de segunda a sexta, de 19h30 até 22h30; sábado e domingo, de 12h30 até 22h30
Cartões de crédito: Todos
Capacidade: 80 lugares
Site: www.santateresahotel.com
Ano de abertura: 2008

Bate-papo com o CHEF

Quando você saiu da Argentina e foi morar nos Estados Unidos?

Eu tinha vinte anos quando cheguei lá. Havia terminado o segundo grau e estava procurando ainda uma profissão para me apaixonar. Eu trabalho desde os oito anos e, ironicamente, comecei na cozinha, lavando louça.

Como você chegou a chef?

Quando me vi fora da Argentina, tive que buscar uma profissão, e a porta de entrada, em qualquer outro país, é sempre a cozinha. Iniciei como ajudante e passei a gostar da atividade. Então, eu comecei a me dedicar um pouco mais. Na época, havia um chef que gostava muito de mim e me pagou um curso para eu me tornar um cozinheiro profissional.

Por que você veio para o Brasil?

Eu conheci minha mulher em Miami, nos Estados Unidos. Ela voltou para o Brasil e eu fiquei lá, mas mantivemos contato. Então, aconteceu o ataque de 11 de setembro de 2001. Eu estava em Miami, longe de Nova York, mas no país. Aí, eu pensei: "Para tudo! Eu acho que vou me mudar para o Brasil. Não vou ficar em um país que está em guerra".

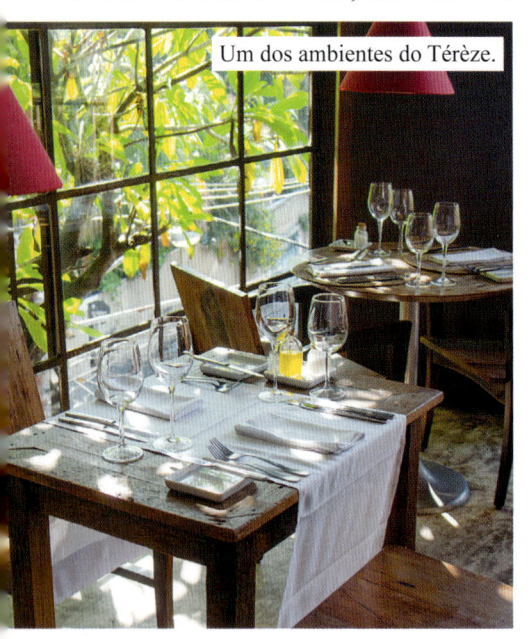

A gastronomia acabou virando moda, não é?

A gastronomia, na minha opinião, está glamorizada. Agora, é uma contrapartida para as pessoas entrarem na cozinha. Elas ficam esperando pela foto da mesma forma como aguardam a do filho. Vão cozinhar bem em nove, dez anos. Se for uma pessoa esperta e inteligente, em cinco anos, mas é pouco tempo para uma culinária madura, na qual se conhece o sabor, a combinação. É uma profissão na qual ninguém para de aprender. Eu gosto muito de assimilar novidades. A partir dos ingredientes é que se faz um prato e há sempre coisas novas. Isso realmente é fascinante. Você vai ao Amazonas, é uma coisa; vai a Pernambuco, é outra; vai ao Maranhão, muda completamente.

Você faz uma ideia aproximada de quantos pratos já criou?

Calcular é difícil, porque faço cardápio há muito tempo, mas cerca de 120. Foram muitos. Que eu prefira, há dois ou três que são muito bons, que levo para todos os lugares pelos quais vou passando. São pratos que eu vou deixar para a vida toda se agradarem. Afinal, também dependem da proposta do lugar. No momento, eu não tenho o meu restaurante propriamente dito, mas eu trabalho em um hotel que tem uma proposta a ser cumprida.

Um dos ambientes do Térèze.

Móveis rústicos dão um ar pitoresco ao local.

Cada chef tem mesmo uma sensibilidade?

A gente precisa ser sensível e ter bom gosto. Sensível para você fazer uma culinária mais refinada, um pouco mais filtrada. Na hora de empratar, de montar, tem que saber como fazer. É preciso ter uma apresentação de acordo com o sabor. Às vezes, a pessoa faz uma apresentação maravilhosa e o sabor não chega a ser tão bom quanto o visual. Eu prefiro sacrificar a apresentação ao sabor. O que fica na cabeça em uma boa degustação é o sabor. Eu não faço quadros. A finalização fica mais evidente, mas se você não for sensível na hora de fazer valer o sabor, não adianta a sensibilidade na hora de montar.

Como você vê o mercado da gastronomia hoje?

No Brasil, está crescendo. Está começando a se formar uma lógica. Já deu para ver que a lógica da faculdade de formação de chef de cozinha não serve. Evidentemente, o negócio continua, por ser algo que visa ao lucro. Uma faculdade de Gastronomia, hoje, está R$ 2 mil por mês, até mais, e a pessoa aprende a limpar um peixe, uma carne, um frango. Aí, chega na cozinha e há setenta quilos de peixe para limpar, 120 quilos de frango e quarenta quilos de carne. A pessoa se atrapalha, pois a vida real não é aquela. O que eu não gosto de ver e queria que mudasse é todo esse glamour que está sendo "linkado" à gastronomia, porque não é assim. É preciso pegar o pano e limpar todo o chão quando termina o serviço, assim como a bancada. Eu acho que essa parte não está sendo bem entendida, por assim dizer, e existe uma carência muito grande em relação ao serviço.

Qual é seu prato preferido?

Há milhares, mas existe algo que serve para qualquer chef: a gente prefere o simples. Camarão ao alho e óleo; frango à passarinho; moqueca de peixe; filé à Oswaldo Aranha. Com relação a um prato característico brasileiro, fico com a moqueca. O azeite de dendê, para mim, é o antes e o depois. Como gringo, falo isso.

As culinárias da Argentina e do Brasil são muito diferentes?

Com certeza. Comparando as duas, a argentina não teve a influência dos africanos. Teve somente a dos índios. Então, a culinária lá foi feita entre índios e italianos. No Brasil, foi feita por italianos, que são muitos, por índios e, o que é a melhor parte para mim, pelos negros, que adicionaram o açúcar. Como a Argentina não importou escravos, utilizando os índios, tem outro tipo de comida.

Camarão Brasil

Receita para 10 porções
Ingredientes

Camarão

20 camarões VG limpos e com rabo
20 folhas de couve mineira em julienne
1 kg de palmito pupunha em julienne
Suco de 2 limões
100 ml de azeite de oliva
10 g de manteiga
3 g de alho
Sal e pimenta-do-reino a gosto
100 ml de vinagrete de tangerina
100 ml de redução de balsâmico
100 ml de vinagrete de mostarda

Modo de preparo

    Refogue a couve mineira com o azeite, o alho e a manteiga até murchar. Reserve. Tempere o palmito com o suco de limão, o sal e a pimenta-do-reino. Reserve. Espete com um palito cada camarão e grelhe no azeite de oliva. Reserve.

Vinagrete de mostarda

150 ml de mostarda
250 ml de vinagre de vinho tinto
60 ml de azeite de oliva
Sal a gosto
Pimenta a gosto

Modo de preparo
Misture todos os ingredientes.

Vinagrete de tangerina

400 g de polpa de tangerina
15 g de pimenta dedo-de-moça
100 ml de azeite de oliva
Sal a gosto

Modo de preparo
Misture todos os ingredientes.

Redução de balsâmico

500 ml de vinagre balsâmico
50 ml de mel

Modo de preparo
    Coloque o vinagre balsâmico com o mel em uma panela e faça a redução até que a mistura engrosse e fique uniforme.

Salada de Burrata

Receita para 10 porções
Ingredientes

5 unidades de queijo burrata
50 g de pico de galo
20 g de tapenade de azeitonas pretas
30 tomates-cereja confitados
50 ml de vinagre balsâmico
30 folhas de rúcula selvagem

Modo de preparo

Corte cada burrata em quatro quartos e reserve. Coloque os tomates-cereja em um tabuleiro e asse no forno a 120°C por 25 minutos. Então, reserve.

Pico de galo

2 pimentões verdes
2 pimentões vermelhos
3 tomates
150 g de manga
1 alho
100 g de pepino
50 ml de azeite de oliva
50 ml de vinagre de vinho tinto
Tabasco a gosto
Sal e pimenta a gosto
2 g de coentro

Modo de preparo

Corte todos os ingredientes em cubos pequenos, misture e tempere.

Tapenade de azeitonas pretas

500 g de azeitonas pretas
50 g de alcaparras
20 g de aliche
2 g de manjericão
30 ml de azeite de oliva
10 ml de limão (suco opcional de 50 ml)
2 g de alho

Modo de preparo

Coloque todos os ingrediente no liquidificador a bata até obter uma pasta homogênea.

Montagem do prato

Disponha três folhas de rúcula no prato. Coloque os dois quartos de burrata em cada prato por cima das folhas de rúcula. Acrescente três tomates confitados, 5 g de pico de galo, 2 g de tapenade e 5 ml de vinagre balsâmico.

Tango de Ceviches

Ceviche de cherne
com cebola roxa marinada

Receita para 10 porções
Ingredientes
Ceviche
1 kg de peixe branco de carne firme (cherne)
1 pimentão vermelho
1 pimentão amarelo
50 ml de suco de limão (5 colheres de sopa)
1 colher de chá de Tabasco
30 ml de leite de coco
1 colher (sopa) de coentro picado
2 sementes de pimenta dedo-de-moça
Sal e pimenta-do-reino a gosto
Flor de sal

Cebola marinada
1 cebola roxa pequena
1 colher (sopa) de vinagre de vinho tinto
1 colher (café) de açúcar

Modo de preparo
Corte a cebola em fatias. Em uma vasilha, cubra-a com o vinagre, temperando com o açúcar e uma pitada de sal. Marine por uma hora. Corte o peixe em cubos de 0,5 cm. Tempere com sal, misturando até que a carne aglutine. Acrescente o suco do limão, os pimentões cortados bem pequenos e a pimenta dedo-de-moça. Tempere com sal e Tabasco. Deixe descansar por cerca de cinco minutos.

Finalização e montagem
Escorra a cebola marinada. Sirva o ceviche com ela por cima.

Ceviche de atum
com picles de pepino

Receita para 10 porções
Ingredientes
Ceviche
1 kg de atum fresco em cubos
6 rodelas de picles de pepino por porção
2 gomos de limão thaiti por porção
Raspas de 2 limões sicilianos
Corações de 4 alfaces americanas por cada quilo de peixe
Suco de 5 limões thaiti
1/4 de colher (chá) de wasabi em pasta por porção
10 ml de azeite de oliva
Estragão picado
Ciboulette picada
Sal e pimenta-do-reino a gosto
Flor de sal

Picles de pepino
200 ml de shoyu
500 ml de vinagre de vinho branco
100 g de açúcar
3 pepinos japoneses

Modo de preparo
Misture o shoyu, o vinagre e o açúcar, e leve ao fogo baixo. Assim que levantar fervura, retire do fogo e coloque o pepino cortado em rodelas finas. Deixe esfriar. Sirva o ceviche com ele por cima.

Canelone de Atum

Receita para 10 porções
Ingredientes

Canelone

125 g de farinha de trigo
5 g de açúcar
5 g de sal
2 ovos
300 ml de leite
100 ml de creme de leite
20 g de manteiga clarificada
40 ml de suco de beterraba
5 g de glucose

Modo de preparo

Misture os ingredientes com a metade do suco de beterraba e bata até formar uma massa homogênea. Unte uma frigideira com manteiga clarificada e faça os canelones de beterraba, que vão ficar como um crepe. Apare as bordas, formando um retângulo, e reserve.

Atum para rechear o canelone

1 kg de atum picado em cubos
5 tomates picados
2 cebolas roxas picadas
50 ml de suco de limão
2 g de ciboulette picada
100 g de molho de ostras
100 g de maionese de chipotle

Modo de preparo

Misture os ingredientes e reserve.

Montagem do prato

Abra o canelone e arrume o recheio no meio. Enrole e reserve. Esquente bem a frigideira, jogue o restante do suco de beterraba com a glucose e esquente. Quando começar a reduzir, coloque o canelone e banhe-o com o molho. Tire a frigideira do fogo, pincele o prato e arrume o canelone no meio.

Crocante de Lagosta com Vinagrete de Framboesa

100 ml de azeite de oliva
Pimenta-do-reino a gosto
Sal a gosto
5 ml de azeite de trufas

Modo de preparo
Refogue os ingredientes no azeite de oliva até ficarem macios. Tempere com azeite de trufas, sal e pimenta-do-reino, e reserve.

Massa crocante
6 folhas de massa fillo
Manteiga clarificada

Modo de preparo
Preaqueça o forno a 180ºC. Abra três folhas de massa fillo e cole cada uma com manteiga clarificada. Corte em triângulos e tempere com sal e pimenta-do-reino. Asse com papel de silicone por cima e por baixo. Depois de assadas, reserve em um lugar seco.

Vinagre de framboesa
1 bandeja de framboesas frescas
100 ml de mel
30 ml de azeite de oliva

Modo de preparo
Cozinhe as framboesas em fogo baixo para que soltem o suco. Coe e resfrie. Bata com o azeite e o mel.

Montagem do prato
Pincele o prato com o vinagrete de framboesa, dispondo dois aros no prato. Monte a metade dos aros com os legumes confitados e a outra metade com a lagosta. Em seguida, intercale uma folha de massa fillo entre cada aro e enfeite com o vinagrete de framboesa.

Receita para 10 porções
Ingredientes

Lagosta
800 g de lagosta fresca
2 abacates em cubos
100 g de maionese
50 g de maionese de chipotle
10 g de ciboulette
10 g de aneto
Sal a gosto
Pimenta-do-reino a gosto

Modo de preparo
Limpe a lagosta e cozinhe no caldo de legumes por cinco minutos. Corte em cubos e misture com o resto dos ingredientes. Reserve.

Legumes confitados
5 abobrinhas (somente a casca)
8 tomates sem pele e sem sementes
3 cebolas em brunoise

Risoto de Frutos do Mar

Receita para 10 porções
Ingredientes

Risoto

500 g de arroz arbóreo
100 ml de azeite de oliva
2 cebolas picadas
5 g de alho picado
100 ml de vinho branco
1 litro de caldo de legumes
150 ml de molho de moqueca
20 camarões VG
20 fatias de lagosta grelhada
1 tentáculo de polvo cozido
100 g de queijo parmesão
10 g de coco fresco ralado

Modo de preparo

Refogue a cebola e o alho no azeite de oliva até dourar. Adicione o arroz arbóreo, o vinho branco e cozinhe, sempre mexendo com uma colher de pau por 15 minutos, acrescentando o caldo de legumes quando for necessário. Finalize com o molho de moqueca e o queijo parmesão ralado. Disponha por cima dois camarões, duas rodelas de lagosta grelhada e o tentáculo de polvo cozido. Finalize com coco ralado por cima.

Molho de moqueca

500 ml de azeite de dendê
120 g de cebola
5 garrafinhas de leite de coco
500 ml de creme de leite
2 pimentões verdes
2 pimentões vermelhos
Sal a gosto

Modo de preparo

Cozinhe o azeite de dendê com a cebola por uma hora em fogo baixo. Bata bem no liquidificador e reserve. Reduza o creme de leite com o leite de coco até a metade. Acrescente o azeite de dendê e, por último, os pimentões. Cozinhe por cinco minutos. Reserve na geladeira.

Terrine de Polvo Confitado

Receita para 10 porções
Ingredientes

Terrine de polvo

1,5 kg de polvo inteiro fresco
500 g de pico de galo
50 g de chicória frisé
200 ml de molho romesco de laranja
100 ml de creme de wasabi
Sacos a vácuo contendo rodelas de laranja, rodelas de limão, páprica picante, tomilho, louro, flor de sal e pimenta-do-reino

Modo de preparo

Deixe o polvo de molho na água com sal grosso por 10 minutos. Lave bastante e bata com o batedor de carne nos tentáculos para amaciar bem o polvo. Corte os tentáculos e coloque-os dentro de um saco a vácuo grande, um ao lado do outro e bem juntos. Cada saco deve ter: uma rodela de laranja, uma rodela de limão, páprica picante, tomilho, louro, flor de sal e pimenta-do-reino. Cozinhe os tentáculos no banho-maria a 80°C por quatro horas. Depois de cozido, abra cada saco e salve o suco do cozimento.

Calda e gelatina para dar liga

Ingredientes
1 litro de suco de laranja fresco
500 ml do suco do cozimento do polvo
2 cardamomos
50 g de gelatina

Modo de preparo

Junte os sucos e os cardamomos na panela e leve ao fogo até ferver. Tire do fogo e acrescente a gelatina. Pegue cada tentáculo de polvo e molhe na calda para montar a terrine.

Montagem do prato

Forre com papel-filme uma forma de terrine para bolo de 10 cm por 20 cm. Arrume os tentáculos de polvo um ao lado do outro, sempre mergulhando na calda até rechear toda a forma. Cubra com o papel-filme e deixe por 24 horas na geladeira antes de cortar.

Panna Cotta
de Iogurte e Baunilha

Receita para 10 porções
Ingredientes

Panna cotta

500 ml de creme de leite
110 g de glaçúcar
3 potes de iogurte natural
1 fava de baunilha
10 g de gelatina sem sabor

Modo de preparo

Amorne os ingredientes em uma panela, exceto a gelatina. Adicione a gelatina fora do fogo. Monte em aros, copos ou forminhas e gele por 12 horas. Sirva com a calda fria e as frutas frescas.

Calda de frutas vermelhas

10 morangos
10 framboesas
20 g de açúcar refinado
1/2 xícara de água

Modo de preparo

Misture todos os ingredientes e leve ao fogo até engrossar. Deixe esfriar na geladeira por uma hora.

Frutas secas

20 morangos frescos
20 mirtilos frescos
20 physalis frescas

Montagem do prato

Disponha a panna cotta no meio do prato. Coloque a calda por cima e as frutas vermelhas frescas em volta.

Filé da Terra

Receita para 10 porções
Ingredientes

Filé

2 kg de filé-mignon
20 miniabobrinhas
20 miniberinjelas
20 minicenouras
20 minibeterrabas
30 cogumelos cardoncello
10 ml de azeite de trufas
150 g de farofa da terra
Molho malbec
30 chips de batata baroa
Sal a gosto
Pimenta-do-reino a gosto

Modo de preparo

Fracione o filé-mignon em dez porções de 200 g cada. Grelhe com sal e pimenta-do-reino. Cozinhe os legumes na água com sal e reserve. Refogue os cogumelos cardoncello com o azeite de trufas, o sal e a pimenta-do-reino. Reserve. Por fim, frite os chips de batata baroa.

Molho malbec

2 cebolas roxas
100g de manteiga
50 g de bacon
500 ml de vinho tinto
20 g de alho
125 ml de caldo de carne

Modo de preparo

Refogue, com a metade da manteiga, o bacon e a cebola roxa em fogo baixo. Agregue o vinho tinto e deixe reduzir pela metade. Adicione o caldo de carne e a cabeça de alho para perfumar e cozinhar até ficar no ponto. Peneire e monte com o restante da manteiga.

Farofa da terra

100 g de farinha de trigo
100 g de farinha de castanha de caju
80 g de açúcar mascavo
80 g de manteiga
1 g de cúrcuma em pó
1 g de pimenta rosa
Sal a gosto

Modo de preparo

Em uma frigideira, ponha a manteiga com o açúcar mascavo até derreter. Junte as farinhas e cozinhe até ficar crocante. Agregue a cúrcuma e a pimenta rosa.

Montagem do prato

Deite uma concha de molho malbec no centro do prato. Arrume a farofa em volta do molho e ponha o filé grelhado cortado em duas partes iguais. Finalize com os cogumelos, os minilegumes e, por cima, os chips de batata baroa.

Duo de Cordeiro

Receita para 10 porções
Ingredientes

Cordeiro

1,5 kg de costeleta de cordeiro
1 kg de paleta de cordeiro
500 g de purê de alcachofras
10 cebolas calabresas
500 g de ervilhas frescas
100 g de trufas negras picadas
200 ml de molho de cordeiro
150 g de farinha de madioca
Sal e pimenta-do-reino a gosto

Modo de preparo

Cozinhe a paleta de cordeiro e desfie. Separe um pouco do molho do cordeiro, adicione as trufas negras picadas e reserve. Prense a paleta desfiada em um molde quadrado e deixe no freezer até o dia seguinte. Corte a paleta em quadrados de 3 cm x 3 cm e empane na farinha de mandioca. Frite no óleo quente até ficar crocante. Reserve. Grelhe as costeletas de cordeiro com sal e pimenta-do-reino a gosto e reserve. Faça o purê de alcachofras e reserve. Cozinhe as ervilhas frescas e a cebola calabresa na água com sal e reserve.

Purê de alcachofra

7 pacotes de alcachofras congeladas
50 g de manteiga
1 cebola picada
5 batatas inglesas sem casca
1 colher (sopa) de alho picado
1 litro de caldo de legumes
2 latas de creme de leite
2 conchas de molho do porto
Tomilho
Alecrim
Louro

Modo de preparo

Refogue as alcachofras, a cebola, o alho e as batatas na manteiga. Junte o caldo de legumes com o tomilho, o alecrim e o louro. Cozinhe por 20 minutos em fogo baixo. Após tirar as ervas, bata no liquidificador. Volte com o purê batido para a panela e adicione o creme de leite até dar o ponto desejado. Finalize com duas conchas de molho.

Montagem do prato

Faça um "risco" no prato com o purê de alcachofras. Em seguida, disponha por cima a paleta de cordeiro frita com a costeleta de cordeiro. Enfeite com as ervilhas e a cebola. Por último, regue suavemente com o molho de trufas negras.

CHEFS PAOLO E CONCEIÇÃO NERONI

Restaurante **MARGUTTA**

Uma dupla afinadíssima

Nascido em uma família de cozinheiros italianos, o chef Paolo Neroni chegou ao Brasil em 1982, depois de ter trabalhado em restaurantes europeus. Ele é formado em Hotelaria pela Escola de San Benedetto del Tronto, sua cidade natal, localizada no Marche – região da Itália central, localizada entre o Mar Adriático, a Emilia-Romagna, a República de San Marino, a Toscana, a Úmbria, o Lazio e Abruzzo –, e viu seu amor pela culinária surgir ao acompanhar, na cozinha, o trabalho do pai, Quirino Neroni, que o estimulava a usar sua criatividade para preparar novas receitas.

Foi no restaurante Grottammare que Paolo conheceu Conceição, que, na ocasião, nem sonhava em se tornar uma chef. Ela foi criada em Apiacá, no Espírito Santo, nos melhores moldes da tradicional educação italiana da família Ghezzi. Seu gosto pela culinária também surgiu ao acompanhar o trabalho dos pais na cozinha, onde notou quão criativo pode ser o preparo de novas receitas. Aos 12 anos, já trabalhava no ramo de comércio de alimentos, ao lado da mãe.

Em 1985, Conceição e Paolo Neroni se casaram e uniram seus talentos para criar pratos inesquecíveis. Hoje, além de possuir dois filhos, o casal junta os aromas capixaba e da costa adriática, na Itália. Eles abriram o restaurante Margutta, em Ipanema, por onde passam artistas, políticos e *socialites*, todos recebidos por Conceição com um largo sorriso no rosto.

Vista parcial do Margutta.

■ **Restaurante Margutta**

Endereço: Av. Henrique Dumont, 62 – Ipanema
Telefone: (21) 2259-3718
Funcionamento: Segunda a sexta, de 18h até 1h. Sexta, de 12h até 16h. Sábado e feriado, de 12h até 1h. Domingo, de 12h até 0h
Cartões de crédito: Todos
Capacidade: 70 lugares
Site: www.margutta.com.br
Ano de abertura: 1994

Bate-papo com a CHEF

Como surgiu a Conceição que gosta de cozinhar?

É uma história bem simples. Eu nasci no Espírito Santo, e quando tinha uns quatro anos, meu pai decidiu se mudar para o Rio de Janeiro. Fomos morar na Vila São Luís, em Duque de Caxias. Na época da ditadura, minha mãe se separou do meu pai. Com o tempo, ela montou um bar que também era restaurante e mercearia. Comecei a ajudá-la e fazia as compras para o almoço. Comprava e pedia desconto. Com 17 anos, vim morar no Rio de Janeiro com uma amiga.

Desde então, não saiu mais da cozinha?

Saí, sim. Eu arrumei meu primeiro emprego em um escritório, mas não aguentei. Com o tempo, acabei entrando novamente no ramo de restaurantes. Como meu pai era italiano e minha mãe portuguesa, a comida era muito mesclada.

Como você conheceu seu marido, Paolo Neroni?

Juntei dinheiro por um mês para jantar no Grottammare. Foi então que conheci o Paolo. Quando o vi, meu coração disparou e eu disse: "Que homem bonito!" Fiquei apaixonada e só queria voltar lá.

Começou logo a trabalhar com ele?

Conheci o Paolo e logo estávamos juntos. Como eu não conseguia ficar em casa parada, fui me meter na cozinha do Grottammare. Então, aconteceu um fato muito engraçado, porque eu não conhecia a cozinha fina, apenas a tradicional brasileira e italiana. Aí, seis clientes ocuparam uma mesa e eu quis tirar o pedido. Um deles pediu haddock e eu falei: "Acho que esse molho a gente não tem". (Risos) Então, são coisas que vão sendo aprendidas, pois ninguém nasce sabendo. Eu aprendi muito na vida fazendo. Hoje, muitos falam que se eu entrasse em um concurso de melhor *hostess*, seria top.

Como é trabalhar ao lado do marido?

Posso dizer que somos considerados tops mesmo, pois não há marido e mulher que trabalhem juntos. No Margutta, eu fico no salão e meu marido na cozinha.

Há quanto tempo vocês estão juntos?

Meu filho mais velho está com 32 anos. Então, estamos juntos há 34.

Como fica essa combinação na cozinha?

Eu faço a cozinha capixaba e um pouco da italiana, que minha avó materna fazia. A polenta cortada no

Detalhe do ambiente.

barbante, a polenta assada, massa com diversos molhos...

Quanto tempo tem o Margutta?

O Margutta tem 21 anos.

Qual é o prato mais pedido no restaurante?

O *peixe a Neroni*. Esse prato nasceu quando a gente ainda estava no Grottammare.

Tem história?

Sim. Eu estava grávida do meu segundo filho, e um amigo nosso, Francesco, que era do FBI italiano, nos convidou para jantar. Só que começou a chover muito e a Lagoa enche logo. Então, o Paolo mandou trazer um peixe do Grottammare para preparar com o que tivesse em casa. Foi assim que nasceu o *peixe a Neroni*, que tinha batata, orégano, tomate e vinho branco, que não falta na casa de italiano. E esse peixe é o campeão.

Há mais algum prato que se destaque?

Eu fui para a Turquia, mas a comida de lá eu faço mais em eventos. Há o ceviche peruano, que aprendi lá, com eles, e tem alguns ingredientes que não são encontrados aqui. O *spaghetti al vongole*, que Carlos Loja, Regina Martelli, Edney Silvestre e João Emanuel Carneiro adoram. O João Emanuel, aliás, gosta muito de *botarga*, uma ova de atum prensada.

Você vai para a cozinha?

Eu vou, mas só quando o Paolo não está, porque a gente acaba brigando muito.

O bar, com a pedra da Via Margutta.

E os filhos?

O George gosta muito de política. Jean fez faculdade de Hotelaria e cursou Administração. Ele toma conta dos restaurantes de Ipanema e do Centro. Sem contar os eventos que a gente faz.

Você também organiza um festival gastronômico, não é?

É um evento do Restaurante da Associação dos Restaurantes da Boa Lembrança – com renda para instituições filantrópicas –, no qual cada chef tem que criar um prato baseado na cesta básica. Nada melhor que o fubá, e também usei tomate fresco. Um sucesso! Foi ao ar no *Jornal Nacional* e fiquei feliz. Gosto de participar dessas coisas, em que as pessoas são ajudadas sem que se lhes peça nada em troca. Fui à rede nacional com uma polenta com ragu de salsicha.

Qual o nome do evento?

É o Rio Bom de Mesa. É organizado por mim, pela Claudia Wendlinger e pelo Volkmar Wendlinger, que é o diretor nacional.

Quantos restaurantes participam do Rio Bom de Mesa?

Cerca de noventa no Brasil inteiro.

Gnocchi ao Camarão e Açafrão

Receita para 4 porções
Ingredientes

Gnocchi

1 kg de batata
200 g de queijo ralado
150 g de farinha de trigo
2 ovos
Sal a gosto

Modo de preparo

Cozinhe as batatas. Depois, as passe na peneira. Acrescente o queijo, dois ovos inteiros, o sal e mexa bem. Adicione a metade da farinha e vá mexendo. Coloque o restante da farinha e misture. Corte a massa em quadradinhos, faça um rolinho com a mão e corte em cubinhos. Ponha para cozinhar em água fervente. Quando o gnocchi subir, significa que está pronto.

Molho de camarão com açafrão

1 cebola pequena picada
1 colher (sopa) de manteiga
200 g de camarões pequenos
3 xícaras (chá) de creme de leite fresco
1 colher (chá) de açafrão

Modo de preparo

Corte a cebola. Ponha para dourar na frigideira com a manteiga. Acrescente o camarão e deixe cozinhar por um minuto. Coloque o açafrão e o creme de leite. Deixe cozinhar por dois minutos, misture com o gnocchi e sirva.

Foto: Roberto Bhering

Panelinha de Vieiras

Receita para 4 porções
Ingredientes
20 vieiras já limpas
1 colher (sopa) de manteiga
Suco de um limão
1 xícara (chá) de vinho branco seco

Modo de preparo
Em uma frigideira, coloque a manteiga. Quando estiver quente, acrescente as vieiras. Deixe cozinhar por um minuto. Adicione o vinho e o suco do limão. Deixe cozinhar por dois minutos e está pronto para servir.

Penne com Berinjela e Muçarela

Receita para 1 porção
Ingredientes
100 g de penne cozido ao dente
1 copo de molho de tomate fresco ou molho italiano
1 dente de alho cortado em lâminas
2 colheres (sopa) de azeite
1 berinjela grelhada picadinha
Sal a gosto
Manjericão a gosto
Muçarela de búfala picada

Modo de preparo

Coloque o alho na frigideira e junte o azeite. Deixe fritar rapidamente. Acrescente o molho de tomate, a berinjela e o sal. Cozinhe por dez minutos em fogo brando. Junte o penne com a muçarela e o molho. Mexa e sirva. Decore com o manjericão.

Penne com Ragu de Carne e Funghi Fresco

Receita para 4 porções
Ingredientes

100 g de queijo parmesão
1 cenoura picadinha
2 talos de aipo picadinhos
1 cebola média picadinha
2 folhas de louro
1 kg de tomate italiano (pomodoro pelati)
100 ml de azeite extravirgem
50 ml de vinho branco
400 g de filé em cubinhos
Orégano fresco a gosto
Manjericão fresco a gosto
100 g de champignon fresco
Sal a gosto

Modo de preparo

Em uma panela fria, coloque o azeite, a cebola, a cenoura e o aipo. Refogue tudo em fogo baixo. Em seguida, aumentando o fogo, ponha a carne e deixe dourar ligeiramente, adicionando o vinho branco aos poucos. Deixe evaporar por dez minutos, sempre mexendo. Coloque louro, orégano, manjericão, champignon, sal a gosto e tomate. Deixe cozinhando em fogo baixo por, aproximadamente, duas horas, mexendo de vez em quando. Tampe a panela. Durante o cozimento, se achar que é necessário, adicione um copo de água quente e corrija o sal. Quando o molho ficar pronto, misture a massa e sirva com queijo parmesão por cima.

Foto: Roberto Bhering

Salada de Frutos do Mar

Receita para 4 porções
Ingredientes

Salada

100 g de camarões pequenos
100 g de lula
50 g de mexilhões limpos
100 g de polvo cozido
50 g de vôngole limpo

Molho

1 xícara (chá) de azeite
1 xícara (chá) de suco de limão
2 galhos de aipo
15 alcaparras
2 tomates sem pele cortados em cubos
Salsinha picada
Uma colher (chá) de sal

Modo de preparo

Cozinhe os camarões, a lula, o polvo, o vôngole e os mexilhões por dois minutos, escorra e misture com o molho.

Tiramisù

Receita para 4 porções
Ingredientes
5 gemas
8 colheres (sopa) de açúcar
300 g de mascarpone
300 g de creme de leite fresco
para chantilly
2 pacotes de biscoito champanhe
1 colher (chá) de essência
de baunilha
Café para molhar o biscoito

Modo de preparo
Em uma batedeira, coloque as cinco gemas e as 5 colheres de açúcar. Deixe bater por 15 minutos. Acrescente a essência de baunilha e misture com o mascarpone. Retire da batedeira e reserve na geladeira. Coloque o creme de leite na batedeira, adicione três colheres de açúcar e bata até virar um chantilly. Misture com o creme vagarosamente e está pronto. Em um pirex quadrado, faça a primeira camada com biscoito molhado no café. Coloque a metade do creme e faça outra camada de biscoitos. Coloque a outra metade do creme, decore como quiser e está pronto.

Espaguete aos Frutos do Mar

Foto: João Mário Nunes

Receita para 4 porções
Ingredientes
400 g de espaguete
100 g de camarões
100 g de lula cortada em anéis
100 g de polvo
50 g de vôngole
50 g de mexilhões
100 g de ovo cozido cortado em cubos
300 g de extrato de tomate
3 dentes de alho amassados
3 colheres (sopa) de azeite
1 xícara (chá) de vinho branco seco
Sal e pimenta-do-reino a gosto
Broto de rúcula pra decorar

Modo de preparo
Coloque o alho e o azeite em uma frigideira. Quando estiver dourado, acrescente o polvo, a lula, o vôngole, os mexilhões e os camarões. Deixe cozinhar por dois minutos. Adicione o vinho branco e cozinhe por mais um minuto para o vinho evaporar. Acrescente o extrato de tomate e deixe cozinhar por mais cinco minutos. O molho está pronto. Por fim, cozinhe a massa, misture ao molho, adicione o ovo cozido e sirva.

Risoto de Abobrinha

Receita para 4 porções
Ingredientes
200 g de arroz arbóreo
2 colheres (sopa) de manteiga
1 cebola pequena picada
1 xícara (chá) de vinho branco seco
2 abobrinhas médias
100 g de parmesão ralado
Sal a gosto
Pimenta-do-reino a gosto

Para decorar
200 g de lulas frescas e limpas
Alho a gosto
Salsa a gosto
Azeite a gosto
Limão a gosto

Modo de preparo
Risoto

Cozinhe a abobrinha em um litro de água temperada com sal e pimenta-do-reino. Bata a abobrinha no processador até virar um creme. Em uma frigideira, coloque a manteiga e a cebola. Deixe dourar. Acrescente o arroz. Misture um pouco e ponha um copo de vinho branco. Adicione o creme para cozinhar com o arroz. Deixe cozinhando por 12 minutos. Conforme for secando, vá colocando um pouco de água. Tempere com sal a gosto, ponha um pouco de queijo parmesão ralado e sirva.

Lula salteada

Marine a lula com salsa, duas colheres de azeite e sal a gosto. Em seguida, grelhe na frigideira até que esteja crocante. Por fim, coloque em cima do risoto.

CHEF PAULO GÓES

Restaurante **SÁ**

Fazendo história na cozinha

No menu do restaurante Sá, em Copacabana, no Rio de Janeiro, a culinária contemporânea é a base do chef Paulo Góes. Apesar da pouca idade, ele tem um vasto currículo. Graduado em Gastronomia pela Universidade Estácio de Sá, complementou a formação passando por restaurantes de chefs renomados, como Claude Troisgros, Alex Atala e Vitor Sobral. Em 2008, esteve na Espanha, no Mugaritz, eleito o sexto melhor restaurante do mundo em 2015 e com três estrelas Michelin.

A cozinha não entrou na vida de Paulo; foi ele quem entrou na cozinha da mãe, a chef Maria Victória, que já comandou a do Bar D'Hotel. No início, era apenas para preparar os próprios pratos, porém, aos poucos, foi tomando gosto e viu que ali estava seu futuro. Não sem um certo ceticismo da família, que não acreditava que ele iria trocar a faculdade de Engenharia Química pela cozinha.

Entre 2003 e 2008, Paulo atuou como chef da equipe do Bistrô Montagu, desenvolvendo um excelente trabalho e destacando o restaurante no cenário da gastronomia carioca. Em julho de 2009, ele passou a comandar a cozinha do Eñe, no Hotel Intercontinental, aprimorando ainda mais seus conhecimentos na gastronomia mediterrânea contemporânea e no mundo da hotelaria.

Inspiração

Quem for ao Sá vai se encantar com seus pratos bonitos, coloridos, saborosos e bem brasileiros. Apesar da veia gastronômica herdada da família, nada foi de mão beijada na vida de Paulo. Na época de aprendiz de chef, cada vez que surgia uma dúvida, a mãe respondia que ele deveria buscar dentro de si próprio a inspiração. Assim, o passo a passo dos pratos começava a surgir na própria cabeça. Um ingrediente aqui, outro ali, e iam aparecendo as delícias incontáveis que fazem parte do cardápio dele. Claro que, humildemente, aceita os pitacos da mãe, mas hoje tem muito para trocar com ela.

O requinte do salão do Sá.

■ Sá

Endereço: Av. Atlântica, 3.668 – Copacabana
Telefone: (21) 2195-6213
Funcionamento: Café da manhã, de segunda a sexta, de 6h até 10h30; sábado, domingo e feriado, de 6h até 11h. Almoço, de segunda a sexta, de 12h até 17h; sábado, domingo e feriado, de 12h30 até 17h. Jantar, todos os dias, de 19h até 0h.
Cartões de crédito: Todos
Capacidade: 120 lugares
Site: www.miramarhotelbywindsor.com.br
Ano de abertura: 2013

Experiência lá fora

Quando voltou para o Brasil, no fim de 2008, Paulo Góes estava preparado para uma nova etapa em sua carreira. Apesar de ter cursado a faculdade na área, foi em campo que ele pôde descobrir os dados mais relevantes para crescer e se manter no mercado. Um dos pontos ressaltados pelo chef é o relacionamento da equipe. Enquanto no Brasil se leva tudo para o lado pessoal, no exterior o estresse da cozinha não sai dela. Além disso, destaca a limpeza do local de trabalho e a qualidade dos ingredientes utilizados nas receitas. Outro aprendizado é que, melhor do que assimilar novas técnicas de cozinha, é primordial melhorar as já conhecidas.

Sabores que encantam

Da infância, Paulo Góes se lembra bem do *boeuf bourguignon* que o avô preparava em casa. O prato ficou muito conhecido no filme *Julie & Julia*. No longa-metragem, a aspirante a cozinheira Julie se inspira em Julia Child, uma das maiores apresentadoras de culinária da TV norte-americana, para preparar a receita. Além do sabor da infância, Paulo não deixa de citar um bom churrasco como prato favorito, mas, na hora de cozinhar, prefere preparar peixes.

Xodós na cozinha

Até hoje, o chef não esquece algumas dicas da mãe. Uma delas é: "temperar não se ensina; ou você nasce sabendo ou morre sem saber". E Paulo não deixa a desejar. Entre os temperos preferidos estão ervas frescas e especiarias. Em meio às preferências no cardápio que assina, está uma receita de vieira grelhada com vinagrete de maracujá, creme de couve-flor e chips de batata-doce.

Herança da Europa

A ida para a Europa enriqueceu Paulo na diversificação do preparo dos alimentos. "O que eu trouxe, principalmente da Espanha, foram várias maneiras saborosas de preparar o arroz", diz. Ele lembra que nem tudo no país é *paella*, como muitos pensam, e existem modos ricos e saborosos de se preparar a iguaria.

Bate-papo com o CHEF

Você é filho de uma chef. Então, presume-se que seu amor pela gastronomia vem daí. É verdade?

Sim. A primeira influência que tive na gastronomia foi da minha mãe. Certamente, ela foi minha fonte de inspiração para começar nesta profissão. Sendo um exemplo de profissional, foi um incentivo para eu entrar no ramo. Sempre pedia para ela cozinhar algo para mim, mas como trabalhava muito, não dava tempo de preparar nada em casa. Foi assim que eu comecei a cozinhar, para mim mesmo, sozinho. Um dia, minha mãe chegou em casa e comentou: "Que cheiro bom!" Falei que tinha feito uma massa para o jantar. Ela comeu e, surpreendentemente, gostou. Foi a primeira vez que cozinhei para alguém e descobri a satisfação de tirar o sorriso de uma pessoa por meio da comida.

Desde criança você se interessou por colocar a "mão na massa"?

Não. O interesse veio com o tempo. Quando criança, eu era o verdadeiro chato para comer e só queria arroz com ovo. Com o passar dos anos, meu paladar foi apurando, assim como meu interesse por comida. Aos 13, eu só queria comer bem, mas não dava para fazer isso todo dia, pois minha mãe trabalhava muito e não podia cozinhar pra mim. Até que resolvi: se quero comer bem, eu mesmo vou fazer minha comida. E assim comecei nas panelas.

Você trabalhou com Alex Atala e Claude Troisgros. Como foram essas experiências profissionais?

Foram muito enriquecedoras. Certamente, são os dois chefs mais influentes no Brasil. São pessoas bem diferentes, mas igualmente competentes e com um mesmo ideal: valorizar os ingredientes brasileiros. Eles mostraram não só para o exterior, mas principalmente para os brasileiros, que temos ingredientes tão bons ou melhores que o resto do mundo, e que têm de ser valorizados e bem explorados. Em vez de olharmos para fora, temos que olhar para dentro, pois o que temos aqui nenhum outro lugar tem. Isso foi o mais importante que esses grandes cozinheiros passaram. Eles levantaram nossa bandeira.

Aproximandamente, quantas receitas você já elaborou?

Com certeza, não dá para contar. Só no Sá eu trabalho com um menu degustação que mudo diariamente e sempre busco ideias novas. Até porque a rotina acaba com a criatividade do cozinheiro. Então, estou sempre em busca de novas ideias para não ficar na mesmice e na monotonia.

Há alguma receita que ficou marcada, que seja aquela pela qual tenha maior afeição?

Tem! Uma receita muito simples, que faço no Sá: a vieira grelhada com vinagrete de maracujá, creme de couve-flor e chips de batata-doce.

O que é mais importante para você na área da gastronomia?

Para mim, o mais importante é proporcionar felicidade para as pessoas. Poder reunir a família e os amigos ao redor da mesa e passar bons momentos. Como dizia Brillat-Savarin (cozinheiro francês), a descoberta de uma nova receita traz mais felicidade ao gênero humano do que a descoberta de uma nova estrela.

Brandade de Bacalhau com Palmito

Receita para 4 porções
Ingredientes
500 g de bacalhau dessalgado com pele
500 g de palmito pupunha in natura
1 litro de leite integral
1 cebola
3 dentes de alho
1 ramo de alecrim
1 maço de salsinha picada
70 ml de azeite extravirgem
12 tomates-cereja
20 azeitonas pretas
1 limão

Modo de preparo

 Leve para ferver o leite com metade da cebola, o alecrim e os dentes de alho. Quando levantar fervura, adicione o bacalhau, tampe a panela e desligue o fogo. Deixe por dez minutos. Em seguida, retire o bacalhau do leite e desfie. Corte o palmito em cubinhos e leve para cozinhar no leite em que foi cozido o bacalhau. Quando estiver macio, bata no liquidificador até formar um creme liso e homogêneo. Se precisar, acrescente um pouco mais do leite do cozimento.

 Pique finamente a outra metade da cebola e refogue com 20 ml de azeite, sem deixar dourar. Adicione o bacalhau desfiado e refogue por um minuto. Acrescente o creme de palmito e misture bem. Cozinhe por cinco minutos, mexendo sempre. Adicione a salsinha picada e retifique o sal.

 Faça um vinagrete misturando os tomates-cereja cortados ao meio, as azeitonas picadas, o restante do azeite e o suco do limão. Tempere com sal a gosto. Coloque a brandade no fundo do prato e guarneça com o vinagrete ao redor.

Ovo Perfeito com Creme de Cará

Receita para 4 porções
Ingredientes
1 kg de cará
2 litros de leite
4 ovos
50 g de ovas de mujol
Sal a gosto

Modo de preparo

Descasque os carás e cozinhe-os no leite até ficarem macios. Bata no liquidificador até formar um creme liso e homogêneo. Tempere com sal a gosto. Cozinhe os ovos a 63°C por 50 minutos. Na hora de servir, aqueça o creme de cará. Quebre os ovos, separe as claras cuidadosamente e as descarte. Coloque o creme no centro do prato com a gema por cima. Tempere a gema com uma pitada de sal e adicione as ovas de mujol ao lado.

Trio de Codorna

Receita para 4 porções
Ingredientes

6 codornas inteiras
500 ml de gordura de pato ou banha de porco
12 ovos de codorna
500 g de batata Asterix
150 g de farinha de trigo
150 g de queijo canastra
4 gemas
4 cabeças de alho
500 ml de creme de leite fresco
100 ml de rôti de frango
Sal a gosto

Modo de preparo

Comece preparando os bolinhos de queijo canastra. Cozinhe as batatas com casca em água e sal até que fiquem macias. Deixe esfriar e amasse-as bem, até formar um purê. Adicione a farinha, as gemas e o queijo canastra ralado. Misture bem. Acerte o sal. Faça os bolinhos e reserve na geladeira.

Para o creme de alho, descasque os dentes, corte-os ao meio e retire o germe. Escalde os dentes de alho em água. Troque a água e escalde novamente. Repita esse processo três vezes. Em seguida, cozinhe os dentes de alho com o creme de leite até que estejam macios. Bata no liquidificador para obter um creme bem liso. Tempere com sal a gosto. Desosse a codorna. Retire os peitos e separe as coxas. Tempere as coxas com um pouco de sal e leve-as para cozinhar na gordura de pato, ou banha de porco, por 15 minutos, sem deixar ferver.

Na hora de servir, grelhe os peitos temperados com sal e frite os bolinhos em óleo quente. Aqueça o creme de alho em uma panelinha e frite os ovinhos em uma frigideira com um pouco de óleo. Sirva com um pouco do rôti de frango.

Cavaquinha Terra e Mar

Receita para 4 porções

Ingredientes

8 caudas de cavaquinha de 100g cada
1 kg de carré de porco
2 cebolas
2 cenouras
2 talos de aipo
1 alho-poró
20 g de pimenta em grãos
8 minicenouras
8 minibeterrabas
8 minicebolas
8 mininabos
4 aspargos
Óleo
Azeite a gosto
Sal a gosto
Manteiga a gosto

Modo de preparo

Leve os carrés de porco ao forno por uma hora, até que estejam bem dourados. Corte as cebolas, as cenouras, o aipo e o alho-poró grosseiramente. Refogue-os em uma panela alta com um pouco de óleo até que estejam bem dourados. Adicione os carrés assados e a pimenta em grãos. Cubra com água e deixe cozinhar em fogo baixo por quatro horas. Coe o caldo em uma peneira fina e reserve. Cozinhe os minilegumes em água e sal, separadamente, até ficarem ao dente. Respeite o tempo de cada legume.

Na hora de servir, aqueça o caldo e corrija o sal. Grelhe as cavaquinhas em uma frigideira com um pouco de azeite até que dourem. Leve para saltear os minilegumes, exceto as minibeterrabas, para que não manchem os outros legumes, em uma frigideira com um pouco de manteiga. Aqueça as minibeterrabas separadamente e sirva imediatamente.

Gâteau de Chocolate com Brûlée de Pistache

Receita para 4 porções
Ingredientes

Biscuit de chocolate
220 g de chocolate
200 g de manteiga sem sal
8 gemas
4 claras
3/4 de xícara (chá) de açúcar

Brûlée de pistache
200 ml de creme de leite fresco
40 g de açúcar
2 gemas
30 g de pasta de pistache

Musse de chocolate black
100 ml de leite integral
50 g de açúcar
10 g de amido de milho
2 gemas
200 g de chocolate amargo
300 g de creme de leite fresco

Musse de chocolate branco
100 ml de leite integral
10 g de amido de milho
2 gemas
200 g de chocolate branco
300 g de creme de leite fresco
20 g de gelatina sem sabor

Modo de preparo
Biscuit de chocolate

Cubra um tabuleiro de 40 cm x 20 cm com papel-manteiga. Derreta o chocolate com a manteiga em banho-maria. Bata as gemas até começar a esbranquiçar. Misture ao chocolate derretido. Bata as claras em neve com o açúcar. Acrescente a mistura de chocolate delicadamente até ficar uniforme. Coloque no tabuleiro com papel-manteiga e leve ao forno preaquecido a 180ºC por 10 minutos. Retire do forno e reserve.

Brûlée de pistache

Ferva o creme de leite com a pasta de pistache. Bata as gemas com o açúcar. Derrame o creme de leite sobre as gemas batidas, pouco a pouco, sempre mexendo, para não cozinhar as gemas. Leve a mistura ao fogo e cozinhe até atingir 85ºC. Retire do fogo e mexa por cinco minutos para esfriar. Reserve.

Musse de chocolate black

Bata as gemas com o açúcar e o amido até dissolver. Adicione o leite e mexa bem até dissolver. Leve ao fogo e cozinhe até engrossar. Retire do fogo e adicione o chocolate picado para derreter. Misture bem até derreter todo o chocolate. Leve para resfriar na geladeira. Bata o creme de leite em ponto de chantilly. Adicione a mistura de chocolate delicadamente e incorpore até dissolver.

Musse de chocolate branco

Bata as gemas com o amido até dissolver. Adicione o leite e mexa bem até dissolver. Leve ao fogo e cozinhe até engrossar. Retire do fogo e adicione o chocolate picado para derreter. Misture bem até derreter todo o chocolate. Hidrate a gelatina em água fria e deixe por cinco minutos. Leve ao micro-ondas por 20 segundos para dissolver. Adicione a gelatina à mistura de chocolate. Leve para resfriar na geladeira. Bata o creme de leite em ponto de chantilly. Adicione a mistura de chocolate delicadamente e incorpore até dissolver. Leve para a geladeira.

Montagem do prato

Cubra um tabuleiro de 20 cm x 20 cm com filme plástico para poder desenformar. Coloque metade da musse black no fundo do tabuleiro. Coloque o brûlée de pistache por cima da musse. Coloque metade do biscuit por cima do brûlée. Coloque mais uma camada de musse e finalize com uma camada de biscuit. Leve para gelar por pelo menos quatro horas.

Vire o tabuleiro delicadamente em cima de uma tábua. Retire o filme plástico que agora está por cima. Corte o gateau em quatro pedaços e sirva-o com a musse de chocolate branco ao lado.

Polvo com Favas e Chourizo

Receita para 4 porções
Ingredientes
1 polvo de 2 kg
1 cebola grande
2 folhas de louro
500 g de fava verde
3 dentes de alho picado
200 g de chourizo espanhol
100 ml de azeite extravirgem
50 ml de vinagre de vinho branco
1 pimentão amarelo
1 cebola roxa
2 tomates
1 maço de salsinha
Sal a gosto

Modo de preparo

Retire a cabeça do polvo e cozinhe-o, em uma panela com água até cobrir, com a cebola cortada ao meio e as folhas de louro, por 30 minutos. Desligue o fogo e deixe tudo nessa água quente por mais 25 minutos. Retire o polvo da água e separe os tentáculos. Reserve.

Escalde as favas. Resfrie e descasque a película externa. Corte o chourizo em cubinhos e refogue em uma frigideira quente até dourar. Adicione o alho e refogue por um minuto. Ponha as favas, misture e acerte o sal.

Para o vinagrete, pique a cebola roxa e o pimentão. Retire a pele e as sementes dos tomates e corte-os em cubinhos. Pique a salsinha. Misture o azeite, o vinagre, as verduras e a salsinha. Corrija o sal.

Na hora de servir, doure os tentáculos do polvo em uma frigideira de ferro com um pouco de óleo bem quente. Sirva com as favas salteadas e o vinagrete em volta.

Ravióli de Abóbora com Ragu de Cavaquinha

Receita para 4 porções
Ingredientes
400 g de cauda de cavaquinha
200 g de molho de tomate
40 g de alho picado
20 g de gengibre picado
50 ml de shoyu suave
30 ml de azeite
1 kg de abóbora de pescoço
2 tomates maduros
1 pimenta dedo-de-moça
Sal a gosto

Modo de preparo

Corte a abóbora em lâminas bem finas. Com a ajuda de um aro de metal, corte as lâminas de abóbora em rodelas. Cozinhe-as em água e sal por 30 segundos e resfrie com gelo. Reserve.

Com o restante da abóbora, faça um purê, cozinhando com um pouco de água e sal. Deixe no fogo até que seque toda a água e o purê fique firme. Bata no liquidificador com metade do alho, os tomates sem pele e sem semente e a pimenta. Tempere com sal a gosto.

Corte a cavaquinha em pedaços de dois centímetros. Aqueça o azeite em uma frigideira de ferro. Quando estiver bem quente, adicione as cavaquinhas em pedaços e deixe dourar. Retire as cavaquinhas da frigideira e refogue o restante do alho e o gengibre, sem dourar, na mesma frigideira. Acrescente o molho de tomate e o shoyu e deixe secar até formar um molho espesso. Coloque as cavaquinhas e misture ao molho.

Ao servir, dobre as rodelas de abóbora ao meio por duas vezes seguidas para formar uma espécie de tulipa, que serão os raviólis. Então, recheie com o purê de abóbora. Coloque o ragu de cavaquinha no fundo do prato e, por cima, três raviólis de abóbora. Sirva ainda quente.

Tiramisù de Tangerina com Pralinê de Avelãs

Receita para 4 porções
Ingredientes

Pralinê

1/2 xícara de açúcar
1/4 de xícara de água
1 avelã tostada

Recheio

1 xícara de suco de tangerina
1 xícara e 10 colheres (sopa) de açúcar
8 gemas
1 xícara e 10 colheres (sopa) de água
1/2 xícara de creme de leite em chantilly
1 colher (sopa) de raspa de tangerina
270 g de mascarpone
7 colheres de Cointreau
5 colheres (chá) de café instantâneo
200 g de biscoitos champagne biscuits
Cacau em pó
Fatias de tangerina

Modo de preparo
Pralinê

Faça um caramelo com o açúcar e a água. Junte a avelã e transfira para uma superfície untada. Deixe esfriar e pique.

Recheio

Ferva o suco de tangerina até reduzir a 1/4 de xícara (cerca de 12 minutos).

Em uma tigela de metal, bata uma xícara de açúcar com as gemas. Junte 1/4 de xícara de licor, 1/2 xícara de água e bata sobre um banho-maria até engrossar. Retire do fogo e bata em uma batedeira até esfriar.

Misture o suco de tangerina, o mascarpone, as *zests* (raspas) e o creme de leite, mexendo delicadamente. Misture metade do pralinê. Leve para gelar enquanto prepara os biscoitos. Forre aros de 7 cm com os biscoitos.

Aqueça o restante da água e do açúcar e o café instantâneo. Aqueça até o café dissolver. Misture o restante do licor. Molhe bem os biscoitos e aperte-os bem. Recheie o restante com o creme gelado. Leve ao congelador por 12 horas.

Ao servir, desenforme e polvilhe o cacau. Sirva com uma calda de chocolate perfumada com Cointreau, o restante do pralinê e dois gomos de tangerina.

Salada de Melancia com Lagostim Grelhado

Receita para 4 porções
Ingredientes
12 lagostins limpos e sem casca
600 g de melancia
1 cebola roxa
12 folhas de hortelã
1 limão
Brotos para decorar
Sal a gosto

Modo de preparo

Retire a casca da melancia e corte-a em cubos de 2 cm x 2 cm. Corte a cebola roxa em tiras finas e coloque em água e gelo por 10 minutos. Corte as folhas de hortelã em chifonade (como se fosse couve mineira).

Misture a melancia, a cebola roxa, as folhas de hortelã cortadas e tempere com o suco do limão e um pouco de sal. Deixe marinando por 10 minutos.

Tempere os lagostins com sal e grelhe-os em uma frigideira bem quente com um pouco de azeite.

Coloque a salada de melancia no centro do prato, com os lagostins grelhados em volta. Decore com os brotos por cima.

CHEF ROMANO FONTANIVE

Restaurante **GABBIANO**

Talento movido a curiosidade

Filho de italiano, mas nascido no Rio de Janeiro, Romano Fontanive mudou-se para a Itália com 15 anos, onde se formou *hôtelier* na Escola de Gastronomia de Belluno e trabalhou em restaurantes de várias partes da Europa, quatro deles laureados com a Estrela Michelin. Aos 17 anos, se tornou *maître* no Connaught Hotel, em Londres, e aos 29 virou proprietário do Hosteria Nobili Fulcis, em Munique, na Alemanha, fazendo do café um dos melhores restaurantes do país.

Foi lá que trocou o salão pela cozinha e desenvolveu sua habilidade com as panelas. "Nada aconteceu por acaso ou caiu do céu. Por onde passei, cozinhas estreladas ou não, sempre demonstrei interesse e curiosidade. Quando dava, lá estava eu na cozinha fazendo um estágio, me intrometendo nas conversas dos cozinheiros ou dando palpite em suas receitas. Sempre fui muito curioso e um amante da comida. Eu me fascinava com o que poderia surgir de uma simples cebola, um ovo, ou mesmo de uma reles folha de manjericão", garante.

Quando seu *chef de partie* tentou conseguir um aumento na pressão, Fontanive foi categórico em não ceder e deixou-o ir embora. "Depois de ponderar por horas e horas, chamei meu chef de cozinha para conversar e chegamos à conclusão: ele iria me ensinar o que me faltava aprender, e não era pouco, mas uma base eu já tinha. E assim tive como professor o melhor chef de cozinha que conheci na vida", relembra.

Com mais de uma década de experiência internacional, Romano dedica-se à criação de novos pratos e à adoção de técnicas mais saudáveis, como o uso de ingredientes orgânicos e da estação. Atualmente, ele está à frente do restaurante italiano Gabbiano, na Barra da Tijuca, que há seis anos é um grande sucesso no Rio de Janeiro. Também estão sob seu comando o Gabbiano Trattoria (Barra) e o Gabbiano Al Mare (Ipanema).

Pedro Paulo de Moraes Lopes

O Gabbiano, restaurante de Romano.

■ **Gabbiano**

Endereço: Av. das Américas, 3.255, loja 142 Shopping Barra Garden – Barra da Tijuca
Telefone: (21) 3153-5529
Funcionamento: Segunda a sexta, de 12h até 0h. Sexta e sábado, de 12h até 1h. Domingo, de 12h até 20h
Capacidade: 90 lugares
Site: www.gabbiano.com.br
Ano de abertura: 2009

Bate-papo com o CHEF

Como surgiu seu interesse por gastronomia?

Quando eu ainda era criança, ia comer em grandes restaurantes e adorava escutar o barulho dos talheres batendo uns nos outros. Naquele salão silencioso, só se ouvia o som dos pratos, talheres, taças e panelas. Isso me dava, e ainda me dá, uma sensação indescritível. É música para meus ouvidos. Aprendi a cultura da gastronomia quando fui para a Itália morar com meus tios, depois da morte do meu pai. Eles eram minha nova família. Nós nos reuníamos no almoço e no jantar diariamente, no mesmo horário, e costumávamos contar o que cada um fez durante o dia. Em cada refeição, minha tia sempre preparava uma entrada, um prato principal e, às vezes, uma sobremesa. Eu passava o tempo ajudando-a, e foi assim que comecei a gostar mesmo de cozinhar. Meus tios são um poço de sabedoria e cultura. Estar ao lado deles e cozinhar com minha tia representava uma viagem pelo passado, uma aula de gastronomia, história e cultura. Meus tios perceberam que eu me interessava tanto por cozinha que decidiram me inscrever na faculdade de Hotelaria.

Apesar de ter nascido no Brasil, você passou muito tempo na Europa. Por que decidiu voltar para o país?

Morei na Europa durante quase toda minha vida. Apesar de ter nascido no Brasil, eu não compartilhei muito da cultura brasileira. Meu pai sempre tentou me passar hábitos europeus, até porque seu plano sempre foi o de se mudar para a Itália, mas, infelizmente, não viveu para realizá-lo. Já o meu sonho era morar no Brasil, recuperar o que perdi, ou viver mesmo algo que nunca vivi. Na segunda metade dos anos 2000, com o Brasil crescendo economicamente e se tornando cada vez mais interessante na gastronomia, comecei a mandar meu currículo e procurar emprego.

Como foi sua experiência na Alemanha?

Eu cheguei à Alemanha para ficar um ano e seis meses, com contrato no Hotel Bayerisch Hoff. Acabei ficando 11 anos. Trabalhei no Al Pino – considerado o melhor restaurante italiano – e no Lenbach Palais, tido como um dos melhores bares da Europa, do famoso gastrônomo Kaffer, onde exerci as funções de *barchef* e, depois, *manager*. Trabalhei no Garten Restaurante, do Bayerischer Hoff, e, por fim, abri meu próprio restaurante, o Hosteria Nobili Fulcis.

Você teve que vencer alguma dificuldade para se manter na gastronomia?

Sim, muitas, como empregado e empregador. Os dois lados exigem muito da pessoa. Acho que todos nós que trabalhamos na cozinha encontramos dificuldades.

Há algum prato que te lembre especialmente a infância?

Sim, massa com ragu de linguiça.

Quais os temperos que mais gosta de usar?

Eu sou fã de todos. Adoro descobrir novos temperos, ainda mais aqui, no Brasil. Gosto de curry, coentro, alho, pimenta, tomilho, alecrim...

Como é essa rotina cuidando de três restaurantes?

Não tenho uma rotina certa. Tenho meus braços direitos nas três casas, gente em quem confio, que pode tocar os trabalhos na cozinha com autonomia. Todos os dias tento passar em pelo menos dois dos três restaurantes. No Gabbiano Al Mare tenho meu *sous-chef* italiano, que me deixa muito seguro e tranquilo, pois sei da sua enorme qualidade. Passo mais tempo na matriz, o Gabbiano Ristorante, no shopping Barra Garden, onde tudo começou.

Hoje fala-se muito que a técnica francesa é a base da alta gastronomia. Você concorda?

Sim. Foram os franceses que modernizaram as técnicas que já existiam há milhares de anos. Os romanos, muitos séculos atrás, já usavam o forno e, assim, descobriram novos sabores. No Renascimento, porém, as técnicas se tornaram artificiosas, escondendo os sabores naturais dos produtos. Até chegarmos à *nouvelle cuisine*, que trouxe leveza e delicadeza à apresentação dos pratos.

Que todo chef é criativo, não resta dúvida, mas como ser criativo o tempo todo? Como se superar no dia a dia de um restaurante?

Eu creio que ser criativo o tempo todo é não ser criativo. Não tenho uma fórmula para me superar dia após dia. Creio apenas na qualidade do produto. Isso nunca falha. A matéria-prima tem que ter qualidade. A partir daí, a gente começa a falar em criatividade.

Vista do salão do Gabbiano.

O mais complicado é se superar, é ser, amanhã, melhor do que você foi hoje.

Diz-se que cada chef tem uma sensibilidade própria. É verdade? Qual é a sua?

A sensibilidade vem do lirismo da vida. Desde a minha infância, sempre tive vontade de oferecer o máximo de prazer possível para as pessoas.

Como você enxerga o mercado da alta gastronomia hoje?

Acho que está crescendo, mas acredito que ainda vai demorar um pouco para que as pessoas entendam que não se vai a um restaurante apenas para se alimentar.

Como foi sair de um restaurante na Alemanha para um outro no Brasil, um país tão diferente?

Eu sou como um camaleão e consigo me adaptar bem a muitas coisas. Eu gosto da minha equipe e isso faz com que não fique pensando no que deixei para trás.

Mesmo morando lá fora, você vinha muito ao Brasil?

Não com frequência. A cada três ou quatro anos, eu passava dez dias no país para visitar minha mãe.

Bruschetta de Batata-Doce com Ceviche de Robalo

Azeite extravirgem
10 g de pimenta rosa
Sal e pimenta-do-reino a gosto
1 ova de butarga
Curry

Modo de preparo
Bruschetta

Descasque as batatas e corte-as em fatias com aproximadamente 1 mm de espessura com o auxílio de um fatiador. Em seguida, coloque-as em um bowl com gelo e água por 20 minutos. Lave as batatas com água para soltar todo o amido. Isso deve ser feito até que a água saia clara. Depois, escorra.

Aqueça o óleo em uma panela de fundo grosso. Em seguida, acrescente as batatas aos poucos. Mexa o óleo algumas vezes com o auxílio de uma escumadeira para impedir que as fatias grudem umas nas outras.

Transfira as batatas fritas para uma tigela forrada com papel absorvente. Polvilhe com sal, alecrim e reserve.

Ceviche

Limpe os filés de robalo e retire as espinhas. Corte em cubos pequenos e bem finos. Disponha-os em um recipiente gelado. Pique o coentro e a cebola roxa de forma que fiquem bem finos. Com um ralador, faça raspas de limão. Misture ao peixe, a cebola, o coentro, as raspas de limão e a pimenta rosa. Esprema o limão e adicione sal, pimenta-do-reino, a ova de butarga e azeite.

Montagem

Polvilhe a batata-doce com curry. Monte o ceviche em cima das chips de batata como se fossem bruschettas. Decore o prato com folhas de coentro, polvilhadas com curry em pó.

Receita para 4 porções
Ingredientes

Bruschetta
3 batatas-doces de 12 cm
500 ml de óleo de canola
2,5 g de sal
1 ramo de alecrim

Ceviche
250 g de filé de robalo
1 molho de coentro
2 cebolas roxas
1 limão

Churros

Receita para 6 porções
Ingredientes
250 ml de água filtrada
30 g de manteiga sem sal
3 g de sal
250 g de farinha branca peneirada
2 ovos
Óleo de canola para fritar
Açúcar para polvilhar
Canela para polvilhar

Modo de preparo

Leve a água com a manteiga e o sal ao fogo. Quando começar a ferver, adicione, de uma só vez, a farinha. Em seguida, mexa rapidamente com uma colher de pau até ficar uma massa bastante homogênea (quando soltar da panela com facilidade, estará cozida). Em seguida, retire a mistura do fogo e deixe esfriar.

Leve a massa para uma batedeira e adicione os dois ovos até a mistura se tornar lisa e brilhante. Coloque-a em um saco de confeiteiro com um bico de estrela. Faça os moldes dos churros na medida de 20 cm, deixando cair cuidadosamente em uma panela com bastante óleo. Frite em fogo médio. Quando estiverem bem dourados, retire os churros e coloque-os em um guardanapo para absorver a gordura. Passe-os no açúcar com canela.

Sirva com doce de leite ou, se preferir, com calda de chocolate quente.

Espaguete à Carbonara com Frutos do Mar

Receita para 2 porções
Ingredientes

Espaguete

4 vieiras
4 mexilhões já cozidos
4 camarões médios
4 lagostins
80 g de filé de peixe
15 ml de Dry Martini
Azeite extravirgem
Aneto a gosto
1 dente de alho
2 gemas e 1 ovo inteiro
40 g de parmesão grana padano
160 g de espaguete de ótima qualidade

Caldo de Peixe

30 g de alho-poró
50 g de manteiga
Cascas do peixe, cabeça e espinha (o que tiver sobrado dos peixes acima)
1/2 litro de água
1 dente de alho
25 ml de vinho branco
40 g de cebola
Sal
Salsinha
Pimenta em grãos

Modo de preparo
Caldo

Refogue o alho-poró, o alho e a cebola na manteiga. Adicione as cascas e as sobras dos peixes. Acrescente a água, o sal, a pimenta e o vinho branco. Então, deixe o vinho evaporar.

Deixe o caldo ferver por uma hora. Coe tudo e reserve.

Espaguete

Com um batedor, bata as gemas até ficar uma mistura bem cremosa. Em seguida, reserve.

Corte o camarão, o filé de peixe, o lagostim e as vieiras. Então, refogue em uma frigideira de teflon bem aquecida, com um dente de alho inteiro, para depois retirá-lo. Flambe o camarão, o lagostim, o filé de peixe, as vieiras e os mexilhões com o martini. Adicione um pouco do caldo de peixe e azeite extravirgem. Depois, mexa bem, até ficar cremoso.

Cozinhe o macarrão em água com sal fervente. Quando ele estiver quase pronto, escorra e junte-o ao molho. Coloque mais caldo de peixe e mexa bastante. Bata as gemas novamente com o ovo e junte a mistura ao peixe. Com o fogo muito baixo, mexa até que um creme seja formado. Acrescente 20 g de queijo parmesão (atenção para não perder o ponto e virar omelete), salsinha e aneto.

Para dar o toque final, coloque algumas gotas de azeite de trufas sobre o prato para servir

Filé ao Brie com Cogumelos e Espaguete na Manteiga e Sálvia

Receita para 2 porções
Ingredientes

Carne e molho

200 g de filé-mignon
2 talos de alecrim
2 dentes de alho com casca
5 ml de azeite extravirgem
Sal grosso a gosto
Pimenta preta moída na hora a gosto
15 g de manteiga
50 g de creme de leite
50 cogumelos mix frescos
Uma fatia fina de queijo brie

Espaguete

100 g de espaguete de ótima qualidade
10 g de parmesão
30 g de manteiga
Sal a gosto
4 folhas de sálvia

Modo de preparo

Carne

Retire a carne da geladeira e deixe-a em temperatura ambiente por pelo menos 30 minutos. Mantenha a carne devidamente coberta durante todo esse tempo para que não receba claridade.

Aqueça a chapa ou a frigideira em alta temperatura. Em seguida, adicione o azeite, a manteiga, o alho, o alecrim e o sal grosso na superfície quente da chapa ou frigideira. Sele a carne por dois minutos de cada lado. Retire do fogo e deixe repousar.

Molho

Na frigideira bem aquecida, coloque os cogumelos (limpos), o alecrim e o alho. Retire o alho e o alecrim quando os cogumelos estiverem prontos. Adicione o creme de leite e abaixe o fogo para manter quente.

Antes de servir, leve o filé ao forno por aproximadamente sete minutos a 220°C e deixe repousar.

No momento de servir, corte o filé ao meio e recheie com uma fatia bem fina de queijo brie. Então, repouse-o no molho quente por um minuto. Sirva cobrindo a carne com o molho.

Espaguete

Cozinhe o espaguete na água e sal. Em uma caçarola, derreta a manteiga em fogo baixo com um pouco da água do cozimento do espaguete. Então, adicione a sálvia.

Quando macarrão estiver ao dente, escorra a água e adicione o molho de manteiga e sálvia. Acrescente o parmesão e sirva. O molho de manteiga e sálvia deve ficar bem cremoso. Durante o preparo, mantenha a atenção quando a manteiga estiver totalmente derretida.

Ossobuco de Vitela com Polenta Cremosa

Receita para 2 porções
Ingredientes

Ossobuco

6 peças de ossobuco de vitela
50 g de aipo
50 g de cenoura
1 dente de alho bem picado
10 g de farinha
15 g de manteiga
1 cebola
20 g de molho de tomate
50 ml de vinho tinto
500 ml de caldo de carne
3 g de sal
Pimenta
2 folhas de louro
Raspas de 1 limão
10 g de salsinha bem picada

Polenta

300 ml de água
50 g de polenta
100 ml de creme de leite fresco
10 g de manteiga
50 g de parmesão
Sal a gosto

Modo de preparo
Ossobuco

Corte o aipo, a cebola e a cenoura à brunoise, em tiras de 5 cm de diâmetro. Em seguida, corte em cubinhos. Pique bem o alho.

Tempere o ossobuco com sal e pimenta a gosto. Depois, passe a carne na farinha, mas remova o excesso.

Acrescente a manteiga a uma panela em fogo alto. Quando a manteiga espumar, adicione o ossobuco. Deixe dourar dos dois lados. Abaixe o fogo, retire o ossobuco e reserve.

Na mesma panela, coloque a cenoura, a cebola, o louro e o aipo. Deixe no fogo baixo, cozinhando por cerca de dez minutos.

Preaqueça o forno a 200ºC. Em seguida, acrescente o ossobuco e o vinho aos legumes. Quando o vinho evaporar, junte o molho de tomate. Depois, coloque tudo em uma placa de forno e cubra o ossobuco inteiro com o caldo de carne. Coloque no forno a uma temperatura de 150ºC por três horas e meia.

A cada meia hora, vire o ossobuco. Quando estiver pronto, pique a salsinha com o alho e as raspas de limão. Então, jogue por cima do ossobuco.

Polenta

Coloque a água para ferver. Adicione a polenta aos poucos e cozinhe por dois minutos. Retire do fogo, acrescente o creme de leite e cozinhe por mais dois minutos.

Retire do fogo e adicione o parmesão e a manteiga. Continue a mexer até engrossar, já que o objetivo é que fique bem cremosa.

Para completar, adicione o sal e sirva com o ossobuco.

Pappardelle
com Pato Confitado

Receita para 10 porções
Ingredientes

Pato

1 pato de 2 kg
100 g de tomate fresco
100 g de cebola
100 g de cenoura
100 g de aipo
100 g de pancetta
1 litro de caldo de carne
50 ml de vinho tinto
70 g de farinha
50 g de salsinha
2 folhas de louro
2 tomilhos
4 dentes de alho com casca
100 g de queijo parmesão
60 g de manteiga
80 ml de azeite extravirgem
Sal a gosto
Pimenta-branca a gosto

Pappardelle

1 kg de farinha de trigo
4 gemas
200 g de farinha de sêmola

Modo de preparo
Pato

Desosse o pato, elimine a pele do tomate e corte a polpa em cubos. Em uma frigideira antiaderente bem aquecida, refogue a carne com algumas gotas de azeite. Em seguida, escorra a carne, eliminando toda a gordura que se formou.

Lave e corte a cebola, o aipo e a cenoura à brunoise. Leve ao fogo uma caçarola com azeite e acrescente o alho, o tomilho e a folha de louro. Junte a pancetta cortada em fatias finas. Adicione a carne e polvilhe com um pouco de farinha branca. Acrescente o vinho tinto e deixe evaporar.

Jogue o tomate fresco em cubinhos, adicione o caldo de carne e cozinhe por mais ou menos uma hora. Ajuste o sabor e reserve.

Massa

Bata tudo em uma batedeira de pão. Deixe-a descansar por algumas horas coberta com plástico PVC.

Acabamento do prato

Cozinhe a massa em água fervendo com sal. Em seguida, escorra.

Em uma frigideira, esquente o molho. Una a massa e acrescente a manteiga, o queijo parmesão e um pouco de azeite extravirgem. Depois, retire do fogo.

Mexa até o molho ficar com uma consistência cremosa e translúcida. Para finalizar, decore com ramos de tomilho, salsinha e lascas de parmesão.

Risoto Mediterrâneo com Burrata e Alcaparras

Receita para 4 porções
Ingredientes

280 g de arroz carnaroli
Caldo vegetal
500 g de creme de leite
200 g de burrata
150 g de manteiga
10 g de tomate seco bem picado
8 g de azeitonas pretas desidratadas no forno a 28°C por 24 horas em pó
8 g de alcaparras desidratadas no forno a 38°C por 24 horas em pó
Folhas de basilicão
Orégano fresco
100 ml de vinho branco
40 g de grana padano
Azeite extravirgem
Sal
Pimenta
1 limão siciliano
1/2 cebola
1 dente de alho

Modo de preparo

Toste o arroz em uma caçarola bem aquecida por um minuto, mexendo sempre. Depois, adicione o vinho branco e deixe evaporar.

À parte, refogue o alho e a cebola em aproximadamente 50 g de manteiga. Una o refogado ao risoto e leve para cozer, colocando o creme de leite até que seja reduzido. Finalize o cozimento com o caldo vegetal (que deve estar fervendo). Em seguida, adicione sal e pimenta a gosto.

Quando estiver quase pronto, retire do fogo. Acrescente o restante da manteiga (que deve estar em cubos e bem gelada). Una o grana padano e espere por 30 segundos. Mexa com força e adicione a burrata. O risoto deve estar bem cremoso.

Por cima, coloque as alcaparras em pó, o tomate seco, as azeitonas em pó, as folhas de basilicão e de orégano. Polvilhe um pouco de raspas de limão siciliano para enfeitar o fundo do prato. Para finalizar, pingue algumas gotas de azeite extravirgem.

Risoto com Rabada e Baby Agrião Orgânico

Receita para 2 porções
Ingredientes

140 g de arroz carnaroli
100 g de queijo parmesão
10 ml de azeite extravirgem
3 g de sal
1 g de pimenta
80 g de manteiga
1/4 de talo de alecrim
5 g de cebola
2 g de alho
1 litro de caldo de legumes
50 ml de vinho branco
1 maço de agrião hidropônico orgânico

Modo de preparo
Risoto

Toste o arroz em uma caçarola bem quente por um minuto, mexendo sempre para não queimar. Coloque o vinho branco e deixe evaporar.

Corte à brunoise o alho e a cebola, e refogue com a metade da manteiga. Una o arroz e, logo em seguida, a rabada desfiada*. Adicione o caldo de legumes e vá cozinhando lentamente. Conforme for secando, acrescente mais, tendo cuidado para não deixar virar uma sopa, e mexa.

Quando faltar um minuto para ficar pronto – normalmente são necessários 20 minutos –, retire do fogo e coloque o queijo parmesão e a manteiga gelada. Então, deixe repousar por 30 segundos. Adicione folhas de agrião e mexa rapidamente, até ficar cremoso. Sirva o risoto e decore com as folhas de agrião.

*Preparação da **rabada**, receita da tia de Romano, que nasceu em Roma, onde este prato, coda alla vacinara, surgiu.*

Ingredientes para 4 pessoas
8 pedaços médios de rabada limpa, com pouca gordura
3 colheres (sopa) de azeite extravirgem
1 cebola branca
2 dentes de alho
3 cravos
20 ml de vinho branco seco
2 kg de tomate pelati
50 g de extrato de tomate
1 molho de aipo lavado sem folhas
12 uvas-passas
12 pinolis
4 g de chocolate amargo ralado
Sal e pimenta a gosto

Rabada

Leve uma frigideira ao fogo. Doure o rabo do boi no azeite e molhe com o vinho até evaporar. Junte os tomates, o sal e a pimenta. Em uma caçarola, coloque o extrato de tomate, o aipo, a cebola, o alho, as uvas, os pinolis e o cravo. Refogue tudo no azeite a fogo baixo por entre cinco a dez minutos. Quando estiver pronto, passe tudo no liquidificador e junte a carne.

Deixe cozinhar entre três e cinco horas a fogo baixo. Se necessário, coloque um pouco de água quente no período do cozimento. No fim, junte o chocolate amargo. Atenção: a rabada tem que se soltar do osso sem esforço nenhum.

Torta de Chocolate
Belga e Pistache

Receita para 12 porções
Ingredientes
400 g de chocolate amargo (callebaut)
200 g de manteiga sem sal
300 g de açúcar
8 ovos
80 g de farinha de trigo peneirada
100 g de pistache
5 g de fermento branco
Complemento: sorvete de pistache

Modo de preparo

Derreta o chocolate com o açúcar em banho-maria. Em seguida, adicione a manteiga e mexa bem até virar um creme homogêneo.

Bata as gemas e adicione à mistura. Depois, bata as claras em neve. Aos poucos, adicione a mistura de chocolate às claras em neve, mexendo sempre de baixo para cima. Atenção: cuidado para não desmanchar a clara. Adicione o fermento e a farinha de trigo.

Adicione 75% do pistache à mistura (o restante deve ser reservado para que seja polvilhado por cima da torta quando ela ficar pronta). Despeje na forma e leve ao forno por um período entre 20 e 25 minutos, até que fique crocante por cima e com consistência de musse por dentro. Sirva à temperatura ambiente com sorvete de pistache.

Tortino de Grana Padano e Queijo de Cabra em Conserva na Pimenta Rosa e Aromas de Trufas Brancas

Receita para 2 porções
Ingredientes
100 g de queijo de cabra
40 g de grana padano ralado
20 g de farinha de trigo branca
1 gema de ovo
1 ovo (inteiro)
3 colheres (sopa) de manteiga

Acompanhamento
4 aspargos
8 fatias de presunto de parma
Azeite trufado a gosto

Modo de preparo
Coloque a manteiga e o queijo para derreterem em banho-maria. Acrescente o grana padano, a gema e o ovo inteiro e mexa bem. Adicione a farinha de trigo peneirada aos poucos e pingue algumas gotas de azeite trufado a gosto. Reserve.

Ferva os aspargos em água e sal até ficarem ao dente, o que deverá levar cerca de dez minutos. Então, reserve.

Unte as formas e leve ao forno preaquecido a 200ºC. Em seguida, coloque a massa e diminua a temperatura para 180ºC. Deixe até a massa crescer e ficar dourada (o que vai levar cerca de sete minutos).

Monte o prato com os aspargos e o petit gateau por cima envolvido no presunto de parma. Acrescente gotas de azeite trufado para finalizar o prato.

Copyright © 2016
by Ediouro Publicações Ltda.

Todas as marcas contidas nesta publicação bem como os direitos autorais incidentes são reservados e protegidos pelas Leis n.° 9.279/96 e n.° 9.610/98. É proibida a reprodução total ou parcial, por quaisquer meios, sem autorização prévia, por escrito, da editora.

DIRETORIA: Jorge Carneiro e Rogério Ventura; **Diretor Editorial:** Henrique Ramos; **Redação: Editor-chefe:** Daniel Stycer; **Editoras:** Eliana Rinaldi e Renata Meirelles; **Equipe Editorial:** Adriana Cruz, Sandra Ribeiro, Débora Justiniano, Juliana Borges, Livia Barbosa, Daniela Mesquita, Dalva Corrêa, Maria Flavia dos Reis e Jefferson Peres; **ARTE:** Télio Navega, Maurício Tussi, Franconero Eleutério, Julio Lapenne, Jefferson Gomes, Fabiano Reis, Nathalia Guaraná, Talitha Magalhães e Raphael Bellem; **Edição e Tratamento de Imagem:** Luciano Urbano e Reinaldo Pires; **Diagramação:** Maria Clara Rodrigues e Evandro Matoso; **Produção Gráfica:** Jorge Silva; **Tecnologia da Informação:** Márcio Marques; **Marketing:** Everson Chaves (coordenação); Cássia Nascimento, Luiza Martins e Jully Anne Costa; **Controle:** William Cardoso e Clayton Moura; **Circulação:** Luciana Pereira, Sara Martins, Wagner Cabral e Alexander Lima; **EDIOURO PUBLICAÇÕES DE PASSATEMPOS e MULTIMÍDIA LTDA.** Rua Nova Jerusalém, 345, CEP 21042-235 — Rio de Janeiro, RJ. Tel.: (0XX21) 3882-8200, Fax: (0XX21) 2290-7185; **Distribuição:** Dinap Ltda. – Distribuidora Nacional de Publicações, Rua Dr. Kenkiti Shimomoto, n° 1.678, CEP 06045-390 – Osasco – SP. Tel.: PABX (0XX11) 3789-3000.

Atendimento ao leitor:
0300-3131345 (custo de uma ligação local),
(0XX21) 3882-8300 (ligação local, RJ)

PROJETO E REALIZAÇÃO

NOVEL EDITORA

EDITOR-CHEFE
Marcos Maynart

EDITOR
Marcelo Nobre

COLABORADORES
Núcia Ferreira

EDITOR DE ARTE
Robson Gomes

TRATAMENTO DE IMAGEM
Renato Motta

NOVEL EDITORA
Rua João Bruno Lobo, 33 / Sl. 201 | Rio de Janeiro (RJ)
CEP: 22780-805 | Tel.: (21) 3151-2625